敦煌之最

手机扫一扫，看视频、听音频

视频

莫高窟

飞越敦煌

一事一生，一人一窟
赵声良

一事一生，一人一窟
苏伯民

一事一生，一人一窟
王惠民

一事一生，一人一窟
赵晓星

音频

《敦煌之最》
全书朗读

2021年主题出版重点出版物

写给青少年的

敦煌故事

敦煌研究院 编　赵声良 主编

敦煌之最

王慧慧 著

读者出版传媒股份有限公司
甘 肃 教 育 出 版 社

图书在版编目（CIP）数据

写给青少年的敦煌故事. 敦煌之最 / 敦煌研究院编 ；
赵声良主编 ； 王慧慧著. -- 兰州 ： 甘肃教育出版社，
2021.12
ISBN 978-7-5423-5328-3

Ⅰ. ①写… Ⅱ. ①敦… ②赵… ③王… Ⅲ. ①敦煌学
—青少年读物 Ⅳ. ①K870.6-49

中国版本图书馆CIP数据核字（2021）第277020号

写给青少年的敦煌故事 敦煌之最
敦煌研究院 编 赵声良 主编 王慧慧 著

策　　划 王光辉 薛英昭 孙宝岩
项目负责 伏文东 王露莹 何佩佩
责任编辑 秦才郎加
装帧设计 石　璞 雷们起 张小乐
视频支持 敦煌研究院 敦煌市融媒体中心
图片支持 敦煌研究院
音频支持 甘肃飞天电子音像出版社

出　版 甘肃教育出版社
社　址 兰州市读者大道568号 730030
网　址 www.gseph.cn E-mail gseph@duzhe.cn
电　话 0931-8436489（编辑部） 0931-8773056（发行部）
传　真 0931-8435009
淘宝官方旗舰店 http://shop111038270.taobao.com

发　行 甘肃教育出版社 印　刷 山东新华印务有限公司
开　本 787毫米×1092毫米 1/16 印　张 16.5 字　数 151.3千
版　次 2021年12月第1版
印　次 2021年12月第1次印刷
书　号 ISBN 978-7-5423-5328-3 定　价 58.00元

图书若有破损、缺页可随时与印厂联系：0531-82079130

总序

敦煌石窟包括莫高窟、榆林窟、西千佛洞等，共800多个洞窟，其中有5万多平方米的壁画和2000多身彩塑。1900年在莫高窟的藏经洞出土了6万多件古代珍贵文献和艺术品。这些无限丰富的文物，构成了敦煌文化的主体。

那么敦煌文化到底有什么价值和意义呢？习近平总书记在敦煌研究院座谈时指出，敦煌文化是各种文明长期交流融汇的结晶。敦煌文化展示了中华民族的文化自信。

敦煌作为中国古代通向西域的重要门户，中华文明同来自古印度、古希腊、古波斯等不同国家和地区的思想、宗教、艺术、文化在这里汇聚交融。敦煌文化就是中外文化交流的结晶，它见证了中华民族和丝绸之路沿线的各国各民族共同推动人类文明向前发展的历史。敦煌文化还体现了中国文化的包容性，包括对宗教的包容、民族文化的包容、审美价值取向的包容。这种包容性使敦煌文化具有世界性。

100多年前，敦煌藏经洞文物流失海外，引起了各国学者对这些文献的研究，形成了世界性的学科——敦煌学。经过100多年的发展，今天，世界上已有20多个国家的学者在进行敦煌学和相关领域的研究，敦煌学成为中外学者相互交流的重要内容。我国的敦煌学研究曾经历了曲折的阶段，从最初“敦煌在中国，研究在国外”的状况发展到了今天学术研究走在世界前列。特别是改革开放以来，中国的学者对敦煌文化各个领域都进行了深入研究，推出了越来越多的研究成果，极大地促进了相关科研、教育及文化建设的发展。今天我们正处在中华文化振兴和繁荣的大时代，挖掘并传播弘扬优秀传统文化，是我们研究者义不容辞的责任。

文化是需要传承的。我们要将敦煌文化广为传播，让全社会都了解敦煌，并从敦煌文化中获得中华优秀传统文化的滋养，从而更好地弘扬传统文化，树立文化自信。青少年是祖国的未来，让我国的青少年从小就学习、了解敦煌文化的真髓，有利于他们正确把握我国优秀传统文化的精神。本套丛书就是希望通过青少年喜闻乐见的方式，以适合青少年年龄特征和阅读习惯的文字，深入浅出地把敦煌文化传递给他们。希望越来越多的青少年朋友们通过这套丛书了解敦煌文化、热爱敦煌文化，并从中获得丰富的知识和灵感，提高自身的文化艺术素养。

赵声良

2021年12月

目录

论莫高窟的人脉——最强的创作团队

论莫高窟的“高光时刻”

引言

碧波漾重阁，轻烟绕殿堂。1600 多年的积淀，1600 多年岁月的打磨和洗礼，莫高窟用时间成就了经典，铸造了永恒的美。

她简单，如空明澄碧的天空，澄澈澄明。一隅的宁静避开车马喧嚣，让人静心凝神，成为灵魂的栖息之地。

她醇厚，如浩瀚无垠的大海，深邃磅礴。曾经的金戈铁马仍荡气回肠，曾经的盛世繁华依旧处处散落。

她把一切尽示与人，而一切又变得更加神秘未知。

她很远，永远让人仰望。

她又很近，随时可以让人感知她。

她是宝藏，她那吐纳百代的禀赋承载着人类文明发展的历史。

她是谜语，那些散落着的记忆碎片，好像在等待被路人捡起，拼凑成一个个故事。

敦煌就是这样一个特别的存在，她仿佛藏着每个人的前世之梦，让人感觉与之有着前世今生的羁绊。不管你是否来过，也不管她与现世有无关碍，冥冥中注定要为她所牵动，她仿佛长在了人的心上。

而我，有幸成为她门前的洒扫僧，时时勤勉，日日相伴。与她所蕴含的文化内涵，她所具有的博大精深相比，我所知的那一点只是冰山一角、沧海一粟，但我愿做那笑脸迎客松，用通俗的方式告诉那些还没有跟她产生缘分的人，她的小门在哪里，领你进来，让你走近她，走进她，不畏避她，让你感知她的广博，她的从容，她的乐观，她的情怀，甚至她的俏皮。

有人说，看莫高窟，不是看1000多年前的“标本”，而是看活了1000多年的生命。她有很多故事，我只能告诉你最闪亮、最特别的那一部分。至于更多、更深的内容，她有“属于自己的一片森林，它一直在那里，总会在那里”，等着你去再挖掘、再相逢。

XIEGEI
QINGSHAONIAN
DE
DUNHUANG
GUSHI

写给青少年的
敦煌故事

石窟中的佼佼者

规模最大、延续时间最长、保存最完好的石窟

一下子三个“最”，虽有点奢侈，但怎奈“富裕”，不得不炫耀一下，且“规模最大、延续时间最长、保存最完好”之内容一目了然，没有太多的笔墨可写，所以索性就打包捆绑介绍了。

中国有四大石窟——敦煌莫高窟、麦积山石窟、云冈石窟、龙门石窟。被世人誉为“东方卢浮宫”的莫高窟“离群索居”，与世隔绝地坐落在敦煌市东南25千米外鸣沙山东麓的砂砾岩崖壁上，听着窟前宕泉河的潺潺流水声，伴着漫天黄沙，在此起彼伏的凿击声中绵延了千年。

如果说香火的旺衰、有无，能折射出一个石窟的兴衰，那么四大石窟中麦积山石窟、龙门石窟、云冈石窟的香火皆是时断时续，只有莫高窟的那炷香竟持续了1000多年。从前秦到元代的千年间，叮叮咚咚的凿击声从未间断。千百年来，人们前赴后继，穷天下之诡谲，尽人间之丽饰，将平生的信仰和绝世的才华献给了这苍凉的绝壁。在这条绵延1.7千米的黄褐色的砂砾岩崖壁上，一个个洞窟犹如一朵朵

敦煌莫高窟九层楼外景

敦煌莫高窟南区外景

鲜花在绵长的岁月枝头次第绽放，展现出“依然地居，杳出人境。灯圣时照，一川星悬。神钟乍鸣，四山雷发”“升其栏槛，疑绝累于人间；窥其宫阙，似游神乎天上”“构以飞阁，南北霞连”的重楼悬阁、

敦煌莫高窟北区外景

雕梁画栋的胜景。借着画师丰富的想象力和对现实生活的热爱，勾勒出世间旺盛的生命力：人物形态各异，动物活灵活现，植物栩栩如生，图案异彩纷呈，各种艺术形态各显其像，各传其神，一一诉说着敦煌石窟的过往。

明朝，闭关绝贡的强硬政策彻底封闭了嘉峪关，敦煌从此居于关外，归于沉寂。它再次揭开面纱的那一刻，已历尽劫难。但也许正是因为她的被遗忘，使得洞窟保存得相对完好。

至今，敦煌莫高窟仍保存有洞窟 735 个，有壁画和塑像的洞窟 492 个，塑像 2400 余尊，壁画 45000 平方米，唐宋木结构窟檐 5 座，成为世界上规模最大、延续时间最长、保存最完好的石窟。这里涌动着千年艺术创作的智慧和活力，这里藏着一部完整的、不间断的中国美术发展史，这里有一部时光机在缓缓地放映。从中国绘画美术的门类角度看，敦煌石窟壁画中的人物画、山水画、动物画、装饰图案画都有千年的历史。自成体系，数量众多，都可书写独立的人物画史、山水画史、动物画史、装饰图案画史。特别是保存了中国宋代以前即

10世纪以前如此丰富的人物画、山水画、动物画、装饰图案画的实例，这是世界各国博物馆藏品所未见的。

1961年，莫高窟被国务院评选为第一批全国重点文物保护单位，1987年被联合国教科文组织评选为世界文化遗产保护单位。这里值得骄傲的是世界文化遗产审批一共有6条标准：代表一种独特的艺术成就，一种创造性的天才杰作；能在一定时期内或世界某一文化区域内，对建筑艺术、纪念物艺术、城镇规划或景观设计方面的发展产生过较大影响；能为一种已消逝的文明或文化传统提供一种独特的至少是特殊的见证；可作为一种建筑或建筑群或景观的杰出范例，展示出人类历史上一个（或几个）重要阶段；可作为传统的人类居住地或使用地的杰出范例，代表一种（或几种）文化，尤其在不可逆转之变化的影响下变得易于损坏；与具有特殊普遍意义的事件或现行传统或思想或信仰或文学艺术作品有直接或实质的联系。莫高窟与威尼斯及其泻湖是截至目前全球仅有的全部符合上述6条认定标准的两处世界文化遗产。

最早有明确文献纪年的石窟

无论从规模、保存状况还是从延续时间上来讲，莫高窟已然是石窟中的老大，完全可以靠声势、阵容碾压群窟。但武林高手武功再强，再深不可测，师出无门不是衣钵正宗，也难免会被说成是歪门邪道。曹操再不可一世，也要挟天子以令诸侯，不是正统，最终也难成一代霸主。

石窟中，炳灵寺石窟有最早的石窟纪年——西秦建弘元年（420），天梯山石窟史载可能是北凉建立者沮渠蒙逊于412年至433年间开凿的皇家窟，云冈石窟、龙门石窟毋庸置疑是北魏皇室窟，而麦积山石窟也与皇族沾亲带故。据《北史》卷一三《后妃列传》记载，西魏文帝文皇后乙弗氏失宠，于麦积山出家为尼，死后凿崖而葬于此。可见他们皆师出有门，入得堂奥。所以从这个角度上来讲，爱写日记，勤于记录是个好习惯，有史可循显得尤为重要。隔壁新疆石窟就是因为不爱写字吃了大亏，从佛教传入的轨迹来看，理论上新疆应该是我国最早的石窟开凿之地，且新疆石窟众多，但却因为无明确纪年，壁画保

《圣历碑》残碑

存又不甚完好，地位就显得稍逊色一点。

莫高窟虽可以以势取胜，但如果没有文字记录，难免胜之不武，落人口舌。好在天佑莫高窟，第 332 窟前室南侧原有一块建窟时立的碑，名《李君莫高窟佛龛碑》。此碑立于武则天称帝的圣历元年（698），故又称《圣历碑》，原碑额篆书“大周李君口佛之碑”。此碑是关于修建敦煌莫高窟第 332 窟的功德记，碑主为李义，字克让，碑文叙述了第 332 窟的创建年代、武周时期敦煌佛教发展的状况、陇右李氏源流和李克让修窟的功德，等等。此碑现仅余碑阳 1 方，收藏于敦煌研究院。完整的碑文记录在 P.2551《李君莫高窟佛龛碑并序》中（了解敦煌学方面的知识，一定要熟识以下几个字母的意思。藏经洞大量的文献被英国人斯坦因和法国人伯希和掠走，所以斯坦因掠走的就以字母“S”标识，伯希和掠走的就以字母“P”标识；洞窟门口也有编号，“P”就是伯希和编号，“C”就是张大千编号）。

碑刻虽为唐代所造，但碑文叙及莫高窟的开窟年代，这对人们了解莫高窟的营建史有着重大的价值和意义，相关内容记录如下：

> 莫高窟者，厥初秦建元二年，有沙门乐僔，戒行清虚，执心恬静。尝仗锡林野，行止此山，忽见金光，状有千佛，遂架空凿险，造窟一龛。次有法良禅师，从东届次，又于僔师窟侧，更即营造，伽蓝之起，滥觞于二僧。复有刺史建平公、东阳王等，各修一大窟。而后合州黎庶，造作相仍。实神秀之幽岩，灵奇之净域也……

初秦建元二年即366年，这是我们见到的有关莫高窟的最早记录，将此碑文所记时间与其他石窟所记进行对比，就可知莫高窟是有明确文献记载且为时代最早的石窟。这样，莫高窟既实力超群，自出机杼，又传承有序，成正大之路，妥妥地确立了她在中国石窟中独一无二的地位。

最有资本的石窟

石窟供养人，直白地说就是出资人或与出资人有某种联系的人，如家人、亲朋好友等，他们可以是达官贵人、高僧大德，也可以是平民百姓、仆役奴婢。《大乘造像功德经》宣扬说，统治阶级广造佛像，不但现世可以享受奢侈生活，而且死后可以进入西方极乐世界，因此官绅富豪愿意开窟造像；而对于一般民众，佛教也教他们只要能“随其力分，而作佛像，乃至极小，如一指大，能令见者，知是尊容”，即可“永离贫穷，大富充足”。

全国各地的石窟也好，造像碑也好，都有出资人。有的出资人做好事不留名，没留下只言片语，这就给后人留下了很多谜团，使得后世学者研究起来绞尽脑汁，颇费心力。而莫高窟的出资人从一开始就有很强的“版权意识”。

早期建窟塑像对大多数出资人来说有点“跨专业”，大家都不是很熟悉业务，对佛的敬畏之心、恭敬之心比较强，所以出资人也比较谦虚、客气、低调。他们一般把自画像画在洞窟内四壁下部接近地面很

莫高窟第 285 窟北壁供养人像

不显眼的地方，像身都很小，仅 20 厘米左右，程式化绘制，多数为“素颜”，作虔诚绕窟礼佛状，题名中也不写个人的官衔，只冠以清信士、清信女、信士、信女、弟子等称号。

隋唐以后就逐渐发生了很多的变化，出资人自画像的位置由窟室四壁下方移到甬道南、北壁或主室内东壁的显著位置；像身也逐渐增大，最大者高过两米，超过佛像；装饰繁缛，极尽奢华；题名意在显耀身价，所有的官衔勋位，尽皆书之，甚至还讲排场，耍阔气，描绘浩浩荡荡的大队人马出行图。

如于阗国国王李圣天画像，是莫高窟最大的供养人画像，高约 2.8

莫高窟第 130 窟《都督夫人礼佛图》

米，像的前方有墨书榜题：“大朝大宝于阗国大圣大明天子……即是窟主。”国王头戴冕旒，冠顶有北斗七星、走龙、宝珠等装饰，冠盖下盘龙缠绕，嵌以绿色宝石，与前后下垂的各六行旒珠互相辉映。身着衮袍，腰围蔽膝，衮衣两肩各绘日月，袖上各绘龙、虎、黻、黼、云纹。在于阗国国王供养像脚下，有一位从地下涌出半身的女神承托其双脚。

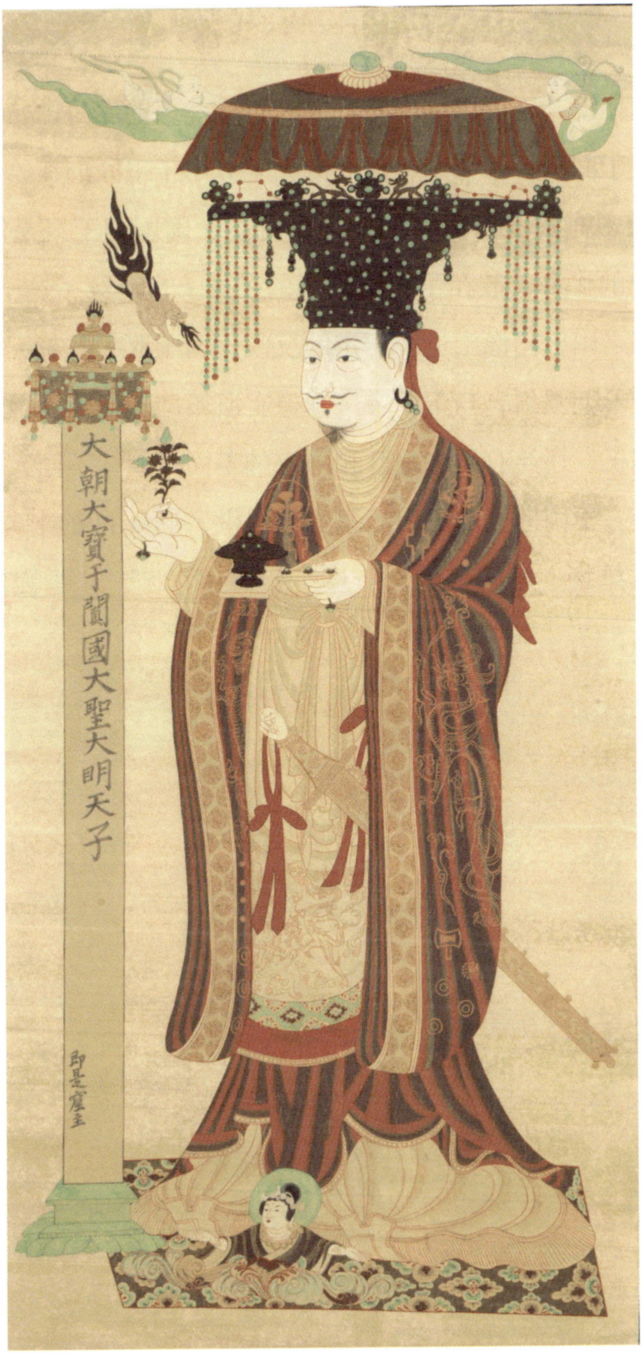

莫高窟第 98 窟于阗国王李圣天供养人像

根据于阗国传说，于阗国国王是北方天王毗沙门的后裔，始祖从天王额上生出，故于阗国百姓特别崇拜北方天王。由于工匠们在绘塑北方天王时脚下多绘塑有从地下涌出的地神护持，于阗国国王既是毗沙门的后代，也是他的化身，故在于阗国国王的画像上也延续了这一表现形式。于阗是产玉之国，画像上也有一定的反映，国王双手各戴宝石戒指，腰间佩玉雕拳形柄佩剑，与中原帝王画像有所不同。当然，壁画中除了绘有于阗国国王，还绘有周边地区和国家的不同民族、不同人物，这为研究不同民族、不同地区的风俗、服饰等提供了形象的资料。

再如讲排场、要阔气的出行图。所谓出行图，就是表现供养人的

莫高窟第 332 窟蒙古官员和平民

莫高窟第 409 窟回鹘王

莫高窟第 409 窟回鹘王妃

功绩或者豪门贵族现实生活的真实画卷，一般只有豪门贵族的功德窟中才有出行图。莫高窟中保存比较完好的出行图有 4 幅，分别是莫高窟第 156 窟的《张议潮统军出行图》和《宋国河内郡夫人宋氏出行图》，莫高窟第 100 窟的《曹议金出行图》和《曹议金夫人回鹘公主出行图》。另外，莫高窟第 94 窟还有《张淮深夫妇出行图》，榆林窟第 12 窟还有《慕容归盈夫妇出行图》。一般出行图里隐藏着很多历史事件和人物故事，可以全方位地体现当时的政治、社会、经济、文化等风貌。

“无心插柳柳成荫”，千年前出资人的“维权意识”给今天的莫高窟留下了一笔宝贵的财富，是莫高窟独一无二的资本牌。且不论出资人的穿衣戴帽对中国服饰史研究有何等重要的价值，仅就题记来讲，就对莫高窟的营建史研究起了拨云见日的决定性作用。年代是研究佛教艺术一个避不开的话题，一般来说，研究石窟壁画和雕塑艺术风格的演变，从窟形、壁画、塑像等方面用考古类型学的方法进行类型对比，可以对石窟艺术进行大体的分期断代。而在莫高窟，大量的题记中明确记录了一个洞窟或一幅壁画的确切年代，没有明确纪年的，也常记有其姓名、官衔等内容，结合敦煌莫高窟遗书、碑刻以及史书中的有关记载，往往也可以推断出一个比较具体的洞窟的上下年限。因此我们就有了为洞窟分期断代的标尺，用这些标尺再去推断其他没有题记的洞窟的年代，这样莫高窟的石窟断代就是准确而具体的，光凭这一点，莫高窟的优势就可见一斑。

莫高窟第 156 窟《宋国河内郡夫人宋氏出行图》

莫高窟第 100 窟《曹议金夫人回鹘公主出行图》

最给力的搭档
——藏经洞

一个藏经洞，有难以掩藏的敦煌之殇，陈寅恪先生说“藏经洞者，吾国学术之伤心史也”。然而，一个藏经洞，也藏不住敦煌绵延万里、跨越千年的璀璨文明。

公元1900年6月22日(清光绪二十六年五月二十六日)，敦煌莫高窟下寺道士王圆箓等在清理今编号第16窟的积沙时，无意间发现了藏经洞(即今第17窟)。在这个不足3平方米的洞窟中出土了佛教经卷、社会文书、刺绣、绢画、法器等文物6万余件。

这些文献中现存最早有纪年的写卷是S.797《十诵比丘戒本》，上有题记曰:“建初元年岁在乙巳十二月五日戌时，比丘德祐于敦煌城南受具戒，和上僧法性，戒师宝惠，教师惠颖，时同戒场者，道辅、惠御等十二人，到夏安居，写到戒讽之趣，成具拙字而已，手拙用愧，见者但念其义，莫笑其字也，故记之。”建初元年即公元405年。最晚的是现藏于俄国圣彼得堡、编号为Φ.32的《大般若波罗蜜多经》，经中题记为:“施主敦煌王曹某与济北郡夫人氾氏同发信心，先命当府匠

莫高窟第 17 窟外景

伯希和在藏经洞挑拣时文献堆积的情景

人编造帙子，后请手笔填写新旧经律论等，通共成满报恩寺藏教讫者。维大宋咸平五年(1002)壬寅岁七月十五日记。”由此可知，藏经洞的文献跨度约 600 年，反映了 5—11 世纪敦煌的历史。

藏经洞大约百分之九十的文献是佛教文献，其中有不少藏外佚经(即《大藏经》中未收录之佛经)，可弥补宋代以来各版大藏经的不足；还有一些被认为是人们假托佛说而撰述的所谓的“伪经”，这些疑伪经反映了中国佛教的特点，是研究中国佛教史的宝贵资料，也为佛教经典和佛教史的研究打开了新的门径。

除了佛教文献，敦煌文献中还有道教、摩尼教、景教等宗教经典以及地理著作、公私文书、医药文献、天文历法、古典文学资料、儒家经典等不胜枚举。如《沙州都督府图经》《沙州伊州地志残卷》《寿

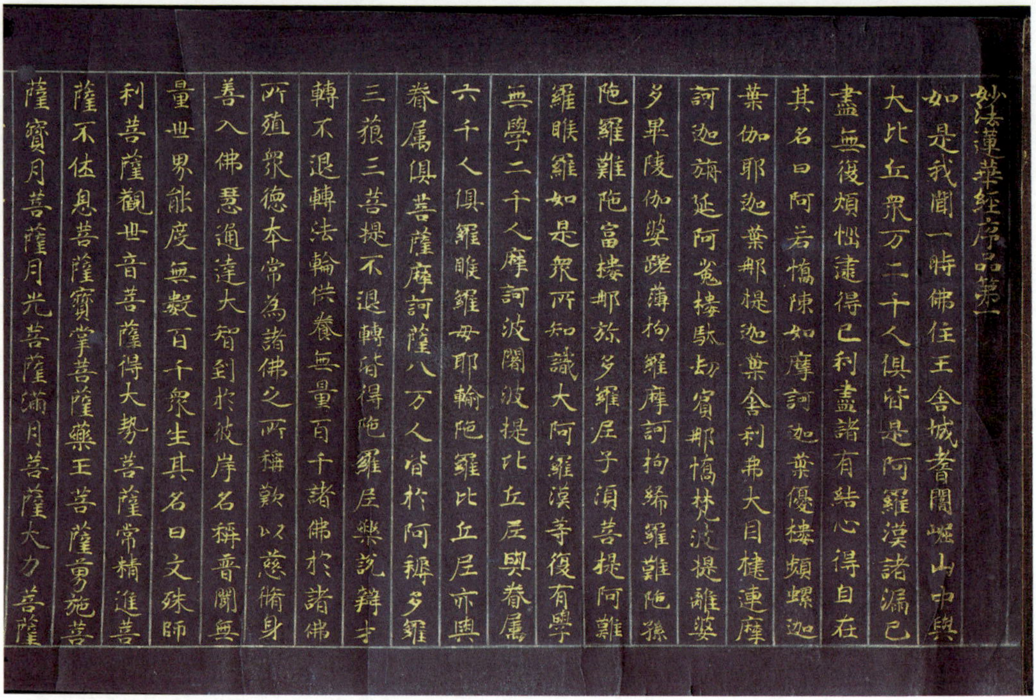

金墨写经《妙法莲华经序品》卷

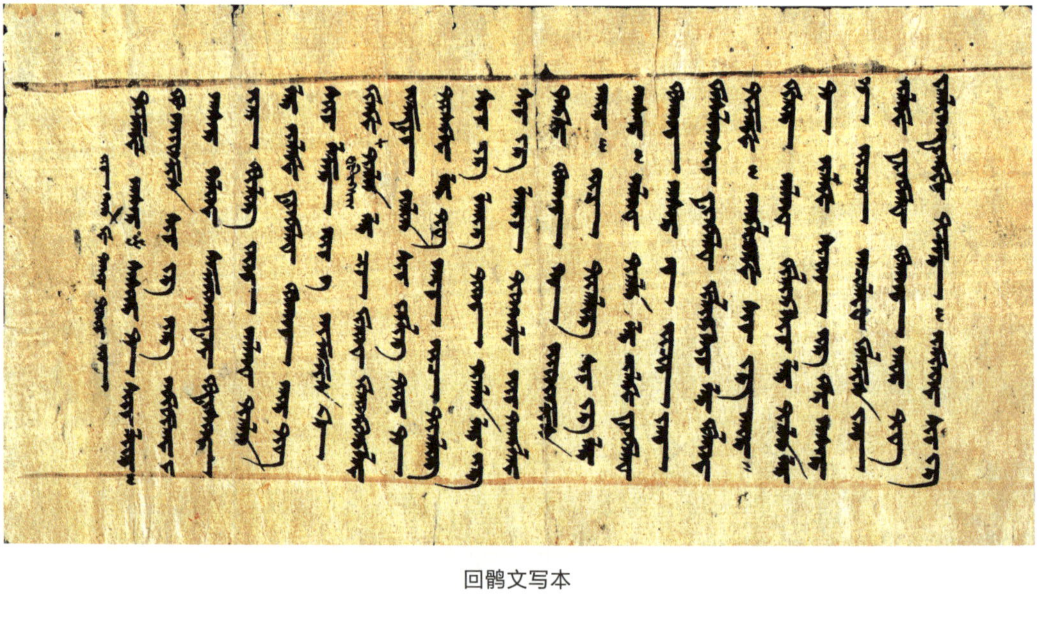

回鹘文写本

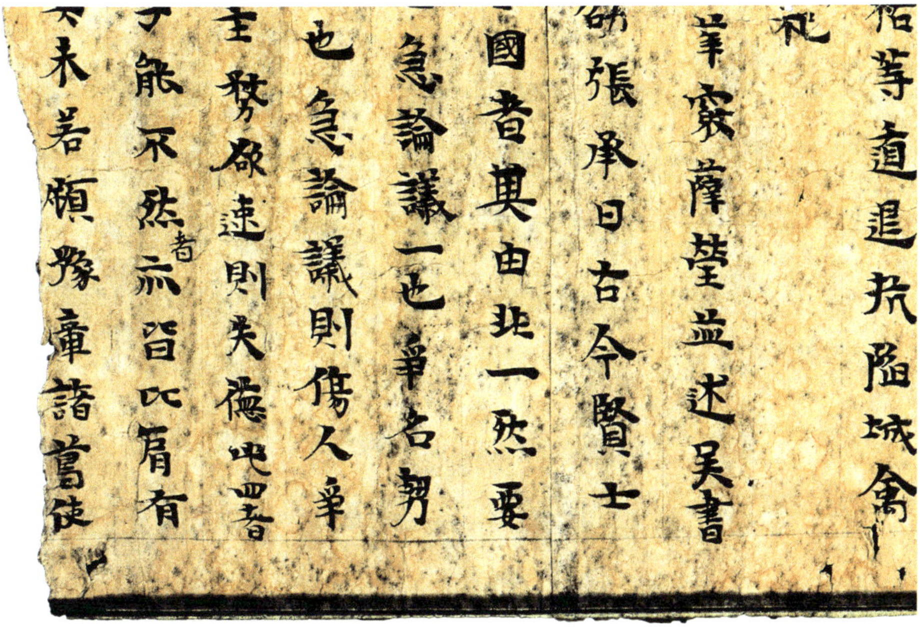

《三国志·步骘传》写本残卷

昌县地境》《沙州地志》等，这些早已亡佚的古地志残卷，对敦煌乃至西北历史地理的研究十分重要，是研究唐代地理弥足珍贵的重要资料。再如今天我们看到的《三国志》的最早版本是北宋咸平六年（1003）国子监刻本和南宋绍熙（1190）刊本，除此，最早的就是为数不多的残卷写本，藏经洞出土的写本《三国志·步骘传》就是其中的珍贵资料。

这些各种各样、内容丰富的文献中还汇聚了多民族的文字写本，如古藏文、回鹘文、于阗文、粟特文、龟兹文、梵文、突厥文、叙利亚文等写本文献，这些多民族语言文字文献的发现，对研究古代西域、中亚历史和中西文化交流有着不可估量的作用。

有关藏经洞文献的价值都可以写一本书，在此不再赘述，感兴趣的

婆罗谜文书残卷

朋友可以查阅相关专业资料。与我们都曾经打过照面的一件文献应该是《金刚经》，在以前的中学历史课本中有专门的介绍。你可能知道它是迄今所知世界上最早的雕版印刷品，印刷于大唐咸通九年，即 868 年，代表了当时世界印刷技术的最高水准，极大地方便了文化的传播和承续；但你可能不知道，它来源于藏经洞，被斯坦因带到英国，现藏在英国大英博物馆，成为该馆最珍贵的文物之一。

文献以外，藏经洞还出土了大量艺术品，包括绢画、麻布画、纸画，也有丝织品如彩幡、刺绣等，还有木雕。值得一提的是，藏经洞这些艺术品大多为极其珍贵的文物，因为这些艺术品的特殊材质在历史上是很难保存下来的，更何况数量如此众多，历史如此悠久，在国

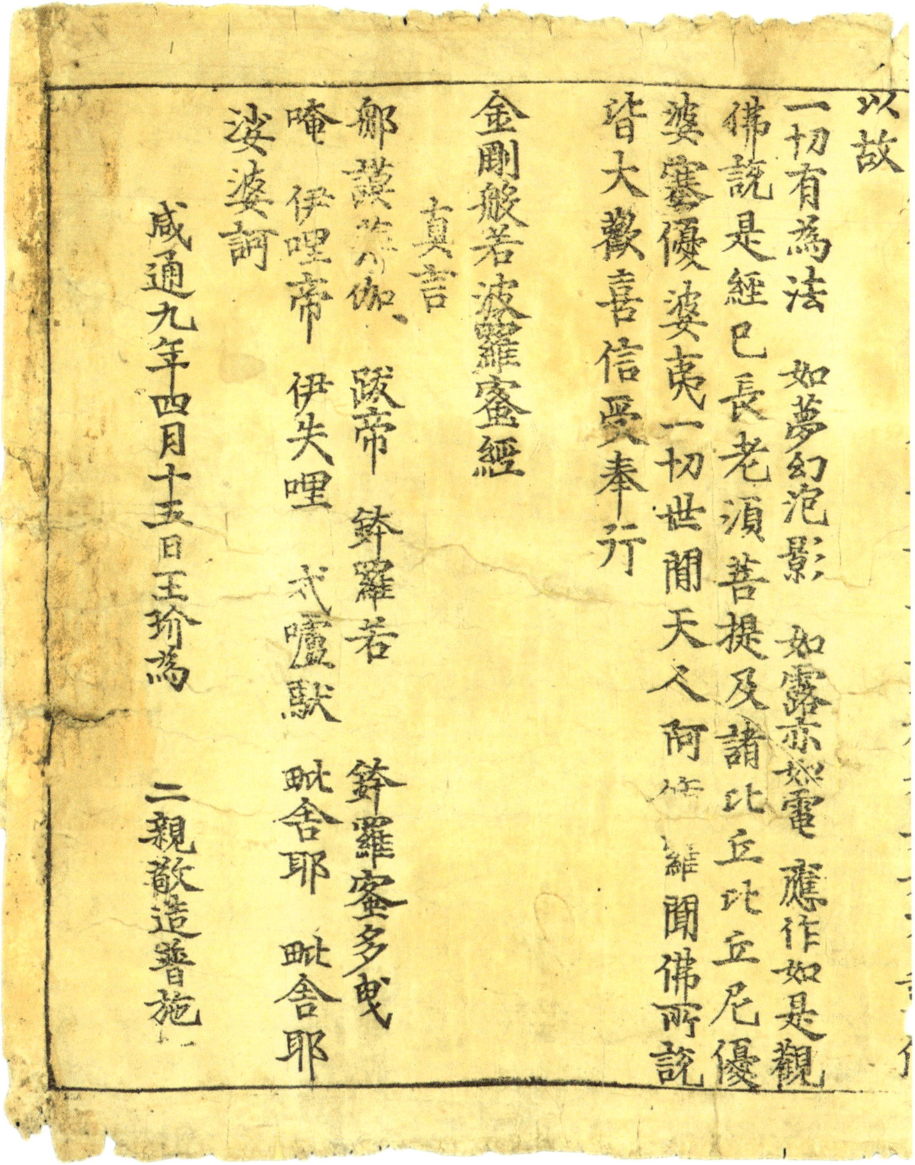

世界最早的雕版印刷品——《金刚经》

《金刚经》扉页版画

内外都极为少见，有着无法估量的价值。

总之，藏经洞绝对是敦煌莫高窟最给力的搭档，是历史为敦煌莫高窟精心准备的礼物。藏经洞出土的文献为研究中国及中亚古代历史、地理、宗教、经济、政治、民族、语言、文学、艺术、科技提供了数量巨大、内容丰富的珍贵资料，被誉为“中古时代的百科全书”“古代学术的海洋”，它的发现加快了敦煌莫高窟走向世界的步伐。

绢画《千手千眼观音图》

绢画《树下说法图》

论莫高窟的机缘——天时、地利、人和

最早的丝路开拓者

在海上交通不便的年代，海的那一边是虚幻的，只有往西，通过陆路才能使我们的眼光触及远方。

“世界那么大，我想去看看。”相传周朝穆天子就曾到达天山、昆仑，并与西王母相会。西汉建国之初，河西走廊一带被匈奴所控制，匈奴人常骑马去各地抢东西。这可让汉朝的皇帝甚是烦恼，但怎奈实力有限，打不过，那时候除了在汉朝与匈奴边境修建长城派军驻守外，主要通过和亲和“岁奉”以求边疆安定。到了汉武帝时，经过几十年的“文景之治”，两位皇帝休养生息的治国策略使得国力日增，统治者放眼看世界的想法便日渐强烈。加上此时，匈奴西边的大月氏跟匈奴打得厉害，匈奴俘获大月氏的首领后，将首领的头盖骨制成喝酒器皿拿来把玩，这对大月氏来说是极大的侮辱。敌人的敌人就是朋友，汉武帝便想着联合大月氏，从东西两边夹击匈奴。但派谁去找大月氏首领谈这件事呢？于是这时期的一个重要人物——张骞就登上了历史舞台。

公元前 138 年，和风习习、春意盎然，青年张骞肩负着联合大月氏共击匈奴的重大使命，带着甘父等百名随从和牛羊财帛等一应物品，身跨高头大马，手执八尺节杖，心情像节杖上的流穗一样欣喜跳荡。在汉武帝的亲自相送下，张骞告别长安，告别家小，告别朋友，向着未知的漫长征途，悲壮而又义无反顾地出发了，谁也没有想到，这一别就是 13 年。

他曾被匈奴俘获，寒暑十年，九死一生仍不忘初心；他曾穿过河西走廊、跨越帕米尔高原，一路到达车师、龟兹、疏勒、大宛、康居、大夏、莎车、于阗、楼兰；他曾将文明的信号首次以政府外交的形式传递到了波斯湾。他的这一行为被称为“凿空”，他证明了大汉王朝往西发展的可能性，也满足了汉武帝放眼看世界的想法，而他自己也类似

莫高窟第 323 窟张骞拜别汉武帝

莫高窟第 296 窟丝绸之路行旅图

“通用货币”成为行走于西北的“通关名片”，用司马迁的话说，“于是西北国始通于汉矣。然张骞凿空，其后使往者皆称博望侯，以为质于外国，外国由此信之”。

不久，卫青、霍去病大破匈奴，西汉政府在新疆设西域都护府，在河西设四郡（武威、酒泉、张掖、敦煌）、据两关（玉门关、阳关），从此拉开了中西交通史的序幕，西汉同中亚许多国家之间的政治、经济、军事和文化的交流开启了新纪元。

在这样的背景下，先民们带着进取的渴望，穿过狭长的河西走廊，用双脚踏出来一条不平凡的路，这条路就是丝绸之路。驼铃悠悠，马

莫高窟第 237 窟东壁门南《维摩诘经变》局部吐蕃赞普与各国王子

蹄阵阵，在漫长的丝路古道上，西传的中原文化，东入的西域文化，借助语言、丝织品、生活器物、建筑、音乐舞蹈等载体在这条路上交汇碰撞。设想，若是梦回汉唐，穿行在丝绸之路上，与你摩肩而过的，有来自西域的胡商，亦有来自中原的商人。这条路上充斥着当时全天下最丰富的商品货物，而张骞就是汉代丝绸之路上的第一位开拓者。

中国的丝绸、陶瓷通过这条路源源不断地运往中亚、南亚、欧洲，异域的玻璃、珍宝等也通过这条路络绎不绝地运往长安，并进入内地。长安的市井中，出现了高鼻深目的客商；未央宫中飘荡着胡笳、琵琶、箜篌的余音；上林苑中，有了异域的狮子、鸵鸟、天马；而人们的餐桌上也有了石榴、葡萄、核桃、胡椒、胡豆、胡葱等西来品。丝绸之路是一条浸染着血水、汗水和泪水的路，是一条繁忙喧嚣的路，是一条物资输送的重要通道，更是一条印证不同文化、宗教、艺术交融的创新之路。

而敦煌虽地处沙漠戈壁，但是因为有了丝绸之路，有了河西走廊，在特定的年代背景下，开始变得不平凡起来。她成为世界四大文化、六大宗教、十余个民族文化的融汇之处，在敦煌适宜的土壤上，辉煌的敦煌莫高窟及其佛教艺术应运而生，敦煌因其特殊的地理位置和独特的文化底蕴而有了独特的印记、独特的文化担当。

最大的反转——地理气候劣势反成优势

火车经河西走廊驶向敦煌，车窗外出现茫茫戈壁，时有黄沙吹起之时，你便知道敦煌近了。

敦煌，位于河西走廊最西端，是甘肃、青海、新疆 3 省区交汇之地，东有三危山，南有鸣沙山，西面是沙漠，与罗布泊相连，北面是戈壁，与天山余脉相连。在古时，敦煌亦称沙州，总面积约 3.12 万平方千米，孕育着 1400 平方千米的绿洲。然而，就是茫茫戈壁中的这一片小小绿洲，在汉唐时期，却是丝绸之路的“咽喉”之地。

由敦煌出发，向东经过河西走廊可到长安、洛阳，向西出玉门关和阳关，经过古代西域，翻过帕米尔高原，可进入中亚、西亚和南亚；经西亚，继续向西还可远抵地中海，到达南欧的古希腊、古罗马和北非的古埃及。

敦煌类似于现在的进出口码头，但敦煌本身的地理气候条件并不好，从敦煌往西进入西域，要穿越世界第二大沙漠——塔克拉玛干沙漠，流沙之地，荒无人烟，生死叵测。据《法显传》记载，400 年法显

敦煌的自然环境——戈壁、绿洲与雪山

西行时，“敦煌太守李浩（即李暠）供给，度沙河。沙河中多有恶鬼、热风，遇则皆死，无一全者。上无飞鸟，下无走兽。遍望极目，欲求度处，则莫知所拟，唯以死人枯骨为标识耳”。

而敦煌往东百里仍然是荒漠，“日不显，风飞沙，霾雾蔽天，遗马失车”。还有一首歌谣唱道：“出了嘉峪关，两眼泪不干。向前看，戈壁滩，向后看，鬼门关；出了嘉峪关，两眼泪不干，上望灰色天，下看戈壁滩；出了嘉峪关，眼泪擦不干，一出嘉峪关，两眼泪汪汪。”

敦煌在历史上成了“灞桥折柳”之处。

作为沟通欧亚的商业大道，中原王朝的西出之地，在周边如此恶劣的环境之下，敦煌寄托了熙熙攘攘、各色人等的梦想，行走于丝绸之路上的人们，需要在此整顿行装，消除旅途困顿，祈祷一路平安。

河仓城与丝路古道

他们聚在一起，推杯换盏，促膝长谈，彼此交流一路上的见闻和经验。短暂的停歇后，西行的人胸怀探求未知的进取雄心，东去的人怀揣对长安无限的向往，整装又出发。当然，“西出阳关无故人”，对于西去的人们，敦煌，是最后的故土；对于东来的人们，敦煌是离故土最近的地方。带着这样的眷恋，带着回望的乡愁，很多人也从此止步于敦煌，在敦煌安身立命。

就这样，来来往往，不同时代、不同民族、不同阶层的人在敦煌走过，在敦煌聚集。他们所带来的物产在这里互通，他们所带来的文化、文明在这里汇聚、碰撞、融合。而这些文明的印记、文明的密码都以佛教信仰的形式记录在敦煌莫高窟的壁画上，写在藏经洞出土的

罗布泊突起沙尘暴

文献里。朝代的更替、民风的演化、西部社会的精神文明与物质文明、中外的贸易与交往、不同民族的文化精神与审美特征，等等，都在这里得到具体而形象的表现。

如果说河西走廊是中西交通的干线，那么敦煌则是连接中原与西域、中国与西亚乃至欧洲北非的咽喉。作为河西走廊西部的门户，敦煌是东西政治、军事、经济、文化的交汇地，因此，敦煌才成为各民族轮番上阵的大舞台，才会给我们留下莫高窟这样的宝库。

敦煌气候干燥，降水量少，蒸发量大，昼夜温差大，日照时间长，这使得石窟里的这些印记得以保存千年，敦煌地理气候上的劣势反而成为敦煌独具特色的优势之一。

最早的佛教痕迹——小浮屠里

关于佛教传入中国的时间有秦始皇时、汉武帝时、东汉汉明帝时等多种说法，但是有两个时间点比较重要：一个是西汉哀帝元寿元年（前2），另外一个是东汉明帝永平八年（65）。

据《三国志》注引《魏略·西戎传》载："天竺又有神人，名沙律。昔汉哀帝元寿元年，博士弟子景卢受大月氏王使伊存口受《浮屠经》。"这是佛教文化传入中国最早的文献记载。

东汉永平八年汉明帝夜梦金人，这个金人有数米高，头顶太阳般的日轮。这个日轮，实际上就是佛光，日轮的光芒四射，金色灿烂，金人就在金銮殿上飞行。第二天，他把这个梦告诉大臣们，许多大臣说不出那个头顶发光的金人是谁。博士傅毅说："天竺有神名叫佛。陛下梦见的金人准是天竺的佛。"傅毅的话，引起了汉明帝的好奇。他就派蔡愔和秦景两名官员到天竺去求佛经。蔡愔和秦景一行人一路跋山涉水，当他们走到大月氏国（今天的阿富汗）一带时，在这里巧遇了两位从天竺来的高僧摄摩腾和竺法兰。经过交流，蔡愔和秦景认为两位高僧就是他们要找的人，遂决定邀请他们来中国传授佛法。

永平十年(67)，两位印度高僧应邀和东汉使者一道，用白马驮载佛经、佛像一起返回洛阳。汉明帝见到佛经、佛像，十分高兴，对两位高僧极为礼重，亲自予以接待，并安排他们在当时负责外交事务的官署“鸿胪寺”暂住。这一年，佛教正式进入了中国内地。

永平十一年(68)，汉明帝敕令在洛阳西雍门外三里御道北兴建僧院。为纪念白马驮经，取名“白马寺”。“寺”字即源于“鸿胪寺”之“寺”，后来“寺”字便成为中国寺院的一种泛称。摄摩腾和竺法兰在此译出《四十二章经》，为现存中国第一部汉译佛典。

但佛教自西往东传播的过程中，一直以来文献中都没有佛教在西域绿洲王国(塔里木盆地)和河西走廊流行的记录，因此，有学者认为东汉的佛教是越过西域、河西地区的“远程传递”式的传播。

然而，1991 年在悬泉置遗址里发现的一枚汉简带给我们新的认识，这枚汉简明确提到敦煌有一个“小浮屠里”，也就是说敦煌有“浮屠”——佛塔或佛寺。悬泉置遗址坐落在边塞烽

“小浮屠里”汉简

燧敦煌，是丝绸之路上迄今唯一一处经过考古发掘的驿站遗址，是我国发现的保存最为完整、出土文物最多的一处驿置机构。经考释现已编号简牍有 17900 多枚，有明确纪年者 2100 多枚，最早的纪年为汉武帝元鼎六年（前 111），最晚的纪年为东汉安帝永初元年（107）。联系以上两个重要时期，可知这枚简的时间当在公元前后至公元 1 世纪的百年之内，这是目前所见河西地区最早的佛教遗迹。

可以想见，公元 1 世纪前后，在贵霜和汉朝的双重影响下，佛教在敦煌也已经找到立脚点，而且进入敦煌民众的生活。这样我们就容易理解公元 3 世纪的西晋时期，翻译佛经 300 余卷的敦煌高僧竺法护的出现，也可以理解敦煌佛教发展为何具有如此强劲的活力。

最强的文化自信

公元前121年，霍去病击败匈奴浑邪王，从此河西地区归入汉朝版图。西汉遂在河西设置武威、酒泉二郡，后不久又从中分出张掖和敦煌二郡，史称“河西四郡”，敦煌正式归于中央政权。因为敦煌郡处在最西端，所以成为中央政府经营西域的根据地，西汉王朝所设立的西大门——玉门关和阳关就在敦煌境内。

阳关遗址

玉门关遗址

为了护佑敦煌郡下辖的敦煌等地，汉武帝特意征发民众，将秦朝只修到甘肃临洮的长城，继续向西延伸直至玉门关，形成了一道自敦煌到辽东，长达7000多千米的雄伟屏障。

汉朝对敦煌的经营，还表现在大规模的人口迁徙和屯垦上。为改变河西地区人口稀少的状况，汉武帝实行从内地往河西移民的措施。到西汉末年，河西四郡已有61000余户，人口28万多。其中，敦煌郡就有17000户，38000多人。这些常住户口，加上数十万的戍卒，使河西与敦煌的民族构成发生了根本性的变化，汉族人成为敦煌的主体民众。而随着汉代移民和戍卒的到来，屯田成了当地最主要的生产方式，敦煌及河西的社会生活方式也从以游牧为主转变为以农耕为主。从此，敦煌地区有了中原地区的先进生产方式和多元的文化，成为敦煌经济文化发展的基础。

当时，许多汉族官员也被贬官或发配至敦煌，比如汉武帝时期的戾太子一案后，许多官员迁徙河西。这些官员大都具有较高的文化水平，他们带来中原文化，使以儒家思想文化为主的汉文化在这里生根发芽，形成了浓郁的汉文化氛围。整个汉晋时期，敦煌地区涌现出一大批文化名人，如张芝、索靖，他们都是接收中原传统文化的代表人物，这成为敦煌地区本土文化的根基。

到隋朝，一些来自中原的官员和南朝迁来的旧族，给敦煌带来了中原南朝的文化。唐朝时，西域地处唐王朝的统治之下，敦煌是人们西去的重要枢纽，与中原地区的联系更加紧密。

同时，作为中西交通的门户，在中原与西方诸国和许多民族的不同阶层、不同职业人们的频繁往来和交流中，这里的人们不断吸收和融合外来文化的精髓，最终与敦煌本土所具有的汉文化融为一体，形成了独具敦煌气派、敦煌风格、敦煌特色的辉煌灿烂的文化。

敦煌文化展示了中华民族的文化自信。只有充满自信的文明，才

敦煌汉长城遗址

会在千年的发展变化中始终保持着自己的民族特色，同时在开放纳新中包容、借鉴、吸收各种不同文明，进行文化再创造，不断梳理出无数个中华优秀文化因子，形成各种文化在敦煌“美美与共”“和谐共存”的文明奇观。

季羡林先生曾说：“世界上历史悠久、地域广阔、自成体系、影响深远的文化体系只有四个：中国、印度、希腊、伊斯兰，再没有第五个；而这四个文化体系汇流的地方只有一个，就是中国的敦煌和新疆地区，再没有第二个。”

XIEGEI
QINGSHAONIAN
DE
DUNHUANG
GUSHI

写给青少年的
敦煌故事

论莫高窟的人脉——最强的创作团队

最早的开窟人——乐傅

366年的某天傍晚，戈壁滩上、三危山下，步履蹒跚地走来一位披着袈裟的僧人，长途的跋涉已使他疲惫不堪，一心念佛成了他与身体对抗的最后法宝。正在此时，突然间绚丽的晚霞，好似翩翩起舞的天女挥动的彩带，推开玉门关紧闭的城门，拂过祁连山终年的积雪，落在鸣沙山斑驳的石崖上，耀眼的金光照破山河，映红戈壁。乐傅被眼前的场景惊呆了，他相信，那一定是佛光，一定是佛在给他某种启示，有佛光的地方一定是诸佛之净土。从此，一个人的工程，在一把锤子的凿击声中拉开了，乐傅在鸣沙山崖壁上叮叮咚咚地开凿了第一个洞窟。366年，从乐傅和尚望向三危山的那一眼开始，此后连续10个多世纪，僧侣、画师、商贾熙来攘往，从皇族宗亲、豪门世家，再到普通百姓，莫高窟从未间断过建窟、塑像、绘画的佛事活动，一个亘古未有、空前绝后的艺术宝库的修建因为这个远道而来的僧人而拉开了序幕。

这个充满神奇色彩的故事被记录在唐代武周圣历元年（698）李克

三危山中的乐僔堂

让《李君莫高窟佛龛碑》和莫高窟第 156 窟前室北壁及 P.3720 号卷子所记录的唐代咸通六年（865）正月十五日书写的《莫高窟记》里。

《李君莫高窟佛龛碑》云：

……爰自秦建元之日，迄大周圣历之辰，乐僔法良发其宗，建平东阳弘其迹；推甲子四百他岁，计窟室一千余龛；今见置僧徒，即为崇教寺也。

□□□□□□通六年正尸十五日記
曆三年戊申尸四百四年又至今大唐庚午即四百九十六
大像高一百廿尺開皇時中僧善喜造講堂從初□□至大
大像高一百卌尺又開元年中僧處諺與鄉人馬思忠等造南
可有五百餘龕又至延載二年禪師靈隱共居士陰□等造北
二僧晉司空索靖題壁号仙巖寺自茲以后鐫□□不絕
多諸神異復於僔師龕側又造一龕伽藍之建肇於
之狀遂架空鑿巖大造龕像次有法良禪師東來
門樂僔仗錫西遊至此巡礼其山見金光如千仏
右在州東南廿五里三危山上秦建元之世有沙

莫高窟記

莫高窟第 156 窟《莫高窟记》摹品

晚唐第156窟前室北壁上书有著名的《莫高窟记》，因年代久远，字迹斑驳，有的文字辨识不清，幸有P.3720号卷子中所记内容可作补充，全文抄录如下：

莫高窟记

右在州东南廿五里三危山上。秦建元之世，有沙门乐僔仗锡西游至此，巡礼其山，见金光如千佛之状，遂架空镌岩，大造龛像。次有法良禅师东来，多诸神异，复于僔师龛侧又造一龛，伽蓝之建，肇于二僧。晋司空索靖题壁，号“仙岩寺”。自兹以后，镌造不绝，可有五百余龛。又至延载二年（695），禅师灵隐共居士阴祖等造北大像，高一百卌尺。又开元年中，僧处谚与乡人马思忠等造南大像，高一百廿尺。开皇时中，僧善喜造讲堂。从初量窟至大历三年戊申（768），即四百四年。又至今大唐庚午（850），即四百九十六年。

时咸通六年（865）正月十五日记。

文中“又至今大唐庚午（850），即四百九十六年”表明乐僔开窟至《莫高窟记》书写的“大唐庚午（850）”，已有496年的历史。有学者指出，《莫高窟记》中所提到的“四百九十六年”可能是“四百八十六年”之误，因为850年上推496年不是建元年号，而上推486年刚好是建元元年（365）。这与前述碑文“建元二年”所记差一年，因《李君莫高窟佛龛碑》年代较早，故《莫高窟记》中“建元之世”应是建元期间之意，所以学术界一般取前者提到的建元二年建窟说。

有史可查的乐僔的历史，只有碑文中的这寥寥数语，今天我们无法知晓乐僔从何而来？要到哪里去？也无法确定他开凿的第一个洞窟究竟在哪里？也许是一个禅窟，早已被掩埋，但这个“戒行空虚，执心恬静”的僧人一如三危山的佛光，须臾乍现的那一刻，他的名字就与那辉煌的洞窟一起，刻进了华夏文明的历史长卷之中，辉映千年。

最早有纪年洞窟的开凿者——东阳王元荣

二十五史以纪传体史书的形式记录了波澜壮阔的中华民族发展史，而敦煌偏处一隅，很多历史事件特别是关于敦煌地方的发展史不可能被记录下来，好在有藏经洞的文书，好在有敦煌莫高窟中的供养人题记，让我们可以抽丝剥茧，用蛛丝马迹破案般揭开千年前敦煌发生的故事。关于东阳王元荣和下面我们要讲的建平公于义开凿洞窟的故事，就是我们通过不同的历史线索在侦破过程中不断呈现的。

元荣，北魏宗室，《魏书》《周书》皆有记载。北魏孝明帝孝昌元年（525）至大统八年（542），元荣以使持节、散骑常侍、都督岭西诸军事、骠骑大将军、开府仪同三司的身份，出任瓜州刺史，于永安二年（529）被封为东阳王，是当时敦煌乃至整个河西地区的实际统治者。任职期间，535年，北魏分裂为东魏、西魏。作为宗室，元荣被安置在敦煌的原因，史书并未记载，但通过敦煌发现的大量元荣写经可以窥见他心系王室宗亲，不忍王室分裂的拳拳之心。虽远官敦煌，但“归慕常心”，他一心希望通过开窟造像、抄写佛经等活动，愿“元祚无穷，帝嗣不绝，四方附化，恶贼退散。国丰民安，善愿从心”，而自己“早得回还”。在他的推动下，敦煌抄经、开窟造像之风盛行。

莫高窟第285窟是一个覆斗形顶与多室禅窟相结合的洞窟，窟内北壁画8铺说法佛像，每铺说法图下面有发愿文，发愿文两侧为供养人。其中，东起第1铺下方的发愿文为:“夫从缘至果，非积集无以成功。是以佛弟子滑黑奴上为有识之类，敬造无量寿佛一区并二菩萨。因斯微福，愿佛法兴隆，魔事微灭。后愿含灵抱识。离舍三途八难，现在安吉，往生妙乐，齐登正觉。大代大魏大统五年(539)五月廿一

莫高窟第285窟窟室内景

莫高窟第 285 窟北壁说法图

造讫。”东起第 6 铺的发愿文仅存一半，记为:“佛弟子比丘辩化仰为七世父母、所生母父敬造迦叶佛一区并二菩萨。因此微福，愿亡者神游净土，永离三途;现在居眷，位太安吉;普及蠕动之类，速等常乐。大代大魏大统四年(538)岁次戊午八月中旬造。”538 年和 539 年是莫高窟最早的洞窟纪年。

但洞窟中并未出现东阳王元荣的供养人画像，也并未见东阳王元荣的文字记录，那么我们是怎么推断这个洞窟是东阳王修建的呢?

首先，前面我们讲过《李君莫高窟佛龛碑》，这个碑在讲了乐僔、法良之后，接着写道:“复有刺史建平公、东阳王等，各修一大窟。而后合州黎庶，造作相仍。实神秀之幽岩，灵奇之净域也……爰自秦建元之日，迄大周圣历之辰，乐僔法良发其宗，建平东阳弘其迹……”可见东阳王修建的是一个大窟，而且这一大窟到了唐代还被人津津乐道。而第 285 窟是西魏时期最大的洞窟，总面积约 50 平方米，在当时的生产力条件下，建造这样一个洞窟不是三四年就能完成的。

其次，东阳王元荣卒年不详，但《周书·申徽传》记载元荣死后其子元康继位刺史，后元荣女婿邓彦杀元康而代之。而元荣的女儿元法英在大统八年(542)写的《摩诃衍经》中有“佛弟子瓜州刺史邓彦妻昌

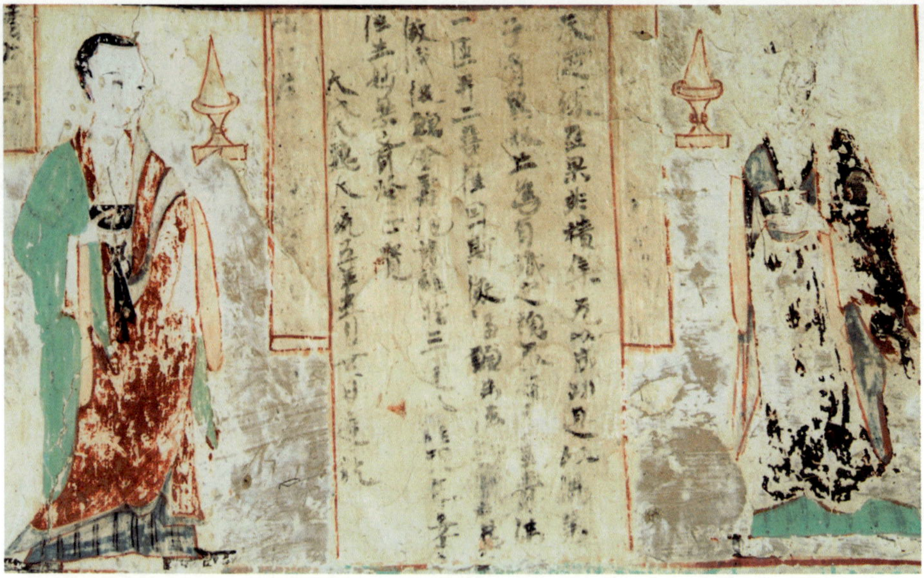

莫高窟第 285 窟大代大魏大统五年题记

乐公主元敬写”的题记表明，542 年时元荣、元康均已驾鹤西归，邓彦已然是瓜州刺史。说明元荣做东阳王的时间从 529 年至迟到 542 年前结束，考虑元康还做过刺史，很可能元荣在第 285 窟北壁绘制之前就已经去世。

最后，一个洞窟的营造顺序一般是按照西壁—南壁和天井—北壁和东壁的顺序绘制，所以北壁 538 年和 539 年的纪年，说明第 285 窟在此之前早已营建完毕，壁画也行将绘成。那么第 285 窟为元荣当政所建石窟无疑，该窟佛像穿着褒衣博带的衣服样式，应当是元荣从洛阳带来工匠或粉本后逐渐在敦煌流行起来的。

怎么样，是不是有种侦探破案的感觉？下面再来介绍情况相似的建平公于义与第 428 窟的故事。

莫高窟第 285 窟东壁佛说法图

最早组织集体建窟的开窟人——建平公于义

《李君莫高窟佛龛碑》记“复有刺史建平公、东阳王等，各修一大窟”。与东阳王一样，建平公开凿的石窟应该也是一个大窟。

但是我们只知道建平公其名以及他任刺史的职位，具体他是谁？是什么朝代的人？这对早期的研究者来说很是茫然。20世纪80年代初，敦煌研究院施萍婷老师考证建平公即为北周大臣、鲜卑贵族于义，于义在《隋书》《北史》中皆有传，他大约在北周565—576年任敦煌瓜州刺史。

所以我们将他开凿的这一大窟的目标锁定在北周时期的洞窟。

莫高窟现存北周石窟中最大的莫过于第428窟。第428窟宽10.8米，进深13.75米，修建这样的一座大窟，非一般的地主官吏所能负担得起的，只有像于氏这样的显贵才有如此的经济力量和政治权势。

如果仅仅凭着洞窟规模大就推断是建平公在位时开凿的石窟，难免有些武断，有趣的是，第428窟东壁南侧上排第3身供养人有一方重要的题名“晋昌郡沙门比丘庆仙供养”，而“庆仙”这个名字在

莫高窟第 428 窟窟室内景

比丘庆仙题记

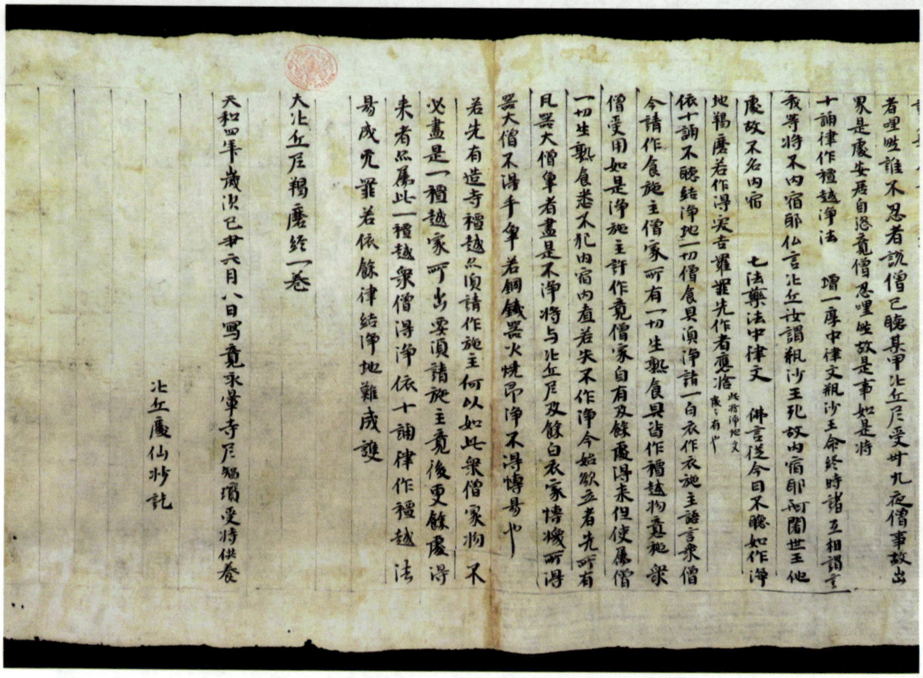

S.2935 庆仙写经题记

S.2935《大比丘尼羯磨经》中再次出现，这部经中的题记记为：“天和四年（569）岁次己丑六月八日写竟，永晕（晖）寺尼智璸受持供养，比丘庆仙抄讫。”

前面我们讲到建平公于义是于565—576年在敦煌任刺史，而庆仙569年题记，正好在这个范围内，可证明庆仙是北周天和时期的人。他的供养画像与题名出现在第428窟中，可以证明第428窟也应该是天和年前后修建的洞窟，这是第428窟可能与建平公有关最有利的旁证。

在此窟四壁下层和中心柱下方，画有大量的供养人，也是敦煌莫高窟中供养人像最多的石窟，共有1189身。此窟绝大多数的供养人题记已经字迹全褪，有字迹的只有 19 条，题记完整的有 10 条。从衣着和题记上看，绝大多数是佛门僧人和清信弟子。除前面提到的“庆仙”的题记外，此窟东壁南侧与庆仙并列的第 4 身供养人还有一条“凉州沙门比丘道□供养”的题记，可见除了敦煌本地的僧人，参与此窟营建的还有凉州等地的弟子。由此可知，此窟是河西千余僧人和清信弟子集资、由瓜州当政建平公于义主持建造的，这应该是最早有纪年的以集体力量开窟的行为。

最有力的推动者——隋炀帝

一提起隋朝，可能我们脑海中首先浮现的就是隋炀帝荒淫无度、劳民伤财的场景。往东打高句丽，往西打吐谷浑，往北修大运河，好好的江山就断送在他的手里，使得隋朝成为历史上最短命的王朝，仅存活了38年。正如某些学者所说："隋炀帝区别于历史上诸多昏君的一个最大特点是，他不是一个只顾个人享乐而无所作为的君主，他想干好事、干大事、成圣王之业，想大有作为，但干好事的心太大，结果走向了反面，成为亡国之君。"

但历史总是有多面性的，对佛教来说，隋朝两代皇帝大力提倡佛教使得佛教得到突飞猛进的发展，隋朝成为莫高窟历史上建窟频率最高的朝代，短短30多年就开凿石窟100多个，形成了一个兴建石窟的高潮。

开皇元年（581）隋文帝杨坚"普照天下，任听出家"，"计口出钱，营造经像"，并且用法律来惩办谤佛毁像的人，保护佛教的发展。杨坚在位23年，于100州建舍利塔，度僧尼23万人，立寺3792所，

莫高窟第 420 窟窟室内景

写经 46 藏 132086 卷，修故经 3853 部，造像 16800 余身，敦煌也在莫高窟的崇教寺起塔。

隋炀帝杨广执政的 14 年，他崇信佛教的程度不亚于其父隋文帝，营建寺塔，开窟造像，“从风而靡，竞相景慕”，全国出现空前的崇佛浪潮。

除此之外，隋炀帝还做了一件“惊天地泣鬼神”的事情。尽管历史上对他的评价都是负面的，但是在没有火车、飞机的年代，隋炀帝却不远千里，不辞辛苦，在丝绸之路恶劣的环境下西巡张掖，创下了中国帝王西巡最远的纪录，并重新打通了丝绸之路。

自十六国以来，由于战火纷飞、各地政权更迭频繁，汉代张骞开拓的丝绸之路已经烟尘断绝，曾经的繁荣早已衰败。为此，大业五年（609）的春天，正值草长莺飞、水光潋滟，隋炀帝亲领大军击溃了威胁丝绸之路安全的吐谷浑，重新打通了丝绸之路。在解决完吐谷浑后他又干了一件大事：与高昌王、伊吾吐屯设等西域 27 个国家的使者在张掖的焉支山下举办了中国历史上第一次“万国博览会”。一时间，大量西域使节入朝拜贺，宣布臣服，其中，伊吾吐屯设更是献出数千里的土地。不久后，隋朝设置伊吾郡，管理现在的新疆哈密地区。隋炀帝还派兵将把守丝路沿途，保证再无他军流寇骚扰过路商队，自此

莫高窟第 404 窟用全新的青晶石颜料绘制的飞天

“道路无壅”。源源不断的特产珍宝作为商品流通于中西，这条贯连着中原和神秘西域的道路彻底畅通了。

受此影响，敦煌隋代的壁画无论是色彩还是艺术风格都有了明显的变化。从色彩上讲，敦煌壁画的颜色，多取材于天然矿物、植物颜料。静穆的朱砂，厚重的赭石，明艳的藤黄，看似简单、随意的颜色，排列映衬，生出疏密缤纷的大美画卷。隋代的壁画更是飘逸洒脱，大面积的蓝色彰显着自由、奔放、热烈。这种瑰丽的蓝色来源于贵重的青金石，佛教称之为“吠努离”“璧流离”。青金石是通过丝绸之路传入的，有深蓝、紫蓝、天蓝、绿蓝等诸多颜色，用之于壁画，无疑是隋代开通丝绸之路后财力、物力的重要体现。在艺术风格上，莫高窟中出现了大量受中亚、特别是波斯萨珊艺术影响而产生的内容和样式，比如说联珠纹。联珠纹是由大小相同的圆圈平行连接而成，每个圆圈周围以联珠圆环为边饰，圆环中饰以动物或花草为主体纹样，圆圈相接处用花朵压叠，圆圈的外面空间用菱形瑞花填饰。这种联珠纹是波斯萨

莫高窟第 390 窟说法图周边联珠纹

珊的典型纹样，在萨珊一般用于编织物中、宫廷建筑的浮雕中、萨珊银币及各种器物上，是最能代表中亚艺术特征的图像之一。

敦煌隋代洞窟中很多位置上都有不同形式的联珠纹饰，集中反映了这一纹饰在此时的流行状况。莫高窟隋代第 420 窟中，联珠狩猎纹被绘制在塑像菩萨的长裙上。圆环青底白珠，环内白底（变色），画一骑士，马作跳跃状，马后有一猛兽扑来，骑士回身与兽搏斗。

第 402 窟、第 425 窟龛沿画环形联珠翼飞纹边饰，即在环内画双翼马，马作飞奔状。稍晚些的第 277 窟龛沿绘对马联珠纹边饰，色彩

莫高窟第 420 窟菩萨腿部联珠纹

莫高窟第 425 窟龛沿联珠纹

莫高窟第 401 窟龛沿联珠纹

均为青环白珠，环内白底，二马对立。此外，还有如第 401 窟龛沿上的联珠莲花纹边饰，色彩以赭红为底，青环白珠，以青、绿、赭、黄画花，环内莲花有的四瓣盛开，有的六瓣含苞待放，有的似云头状。这些环形联珠纹，在中国流传期间，经过不断发展，又变成一种新的联珠纹，环内变形莲花纹样的结构框架，对唐代莲花图案装饰和发展有极大的影响。

联珠纹只是外来文化元素中的一个代表，在此期间还出现了大量中亚、西亚的艺术风格，可以说莫高窟佛教艺术风格承前启后的大变革得益于隋炀帝的推动。

玄奘东归与莫高窟最早的唐风

627年，玄奘只身赴险西行求法，644年玄奘回经于阗，写信给唐太宗，称自己“私往天竺”，听候发落。唐太宗“令敦煌官司于流沙迎接，鄯善于沮沫（且末）迎接”，希望玄奘早日归唐。

大约在644年秋冬之际，玄奘经过敦煌，于翌年正月到达长安。

大概因为赶路，玄奘似乎未在敦煌停留或停留时间不多，史书中没有记载他曾到莫高窟巡礼的任何记载。但几乎就在玄奘一行经过敦煌的时候，莫高窟正在营建一个重要的洞窟，即当地世家大族翟氏家族营建的第220窟。

根据此窟东壁、北壁的发愿文和题记，以及甬道南壁五代时翟奉达的追述，这座石窟是在唐太宗贞观十六年（642）至高宗龙朔二年（662）间陆续完成的，其主室南壁绘《西方净土变》，北壁绘《药师经变》，东壁绘《维摩诘经变》。

北壁中央是一莲池，池中有琉璃宝台，其上一字排开七座莲台，每座莲台上站立着一尊佛像，手持药钵，为药师佛形象。佛像两旁有

莫高窟第 220 窟窟室内景

莫高窟第 220 窟东壁《维摩诘经变》中的帝王

菩萨侍立，宝台两侧有圣众和十二神将护持，下有众多乐伎，分两组演奏歌舞，舞伎间有三组灯架，分七层燃灯。此图是莫高窟新出现的图样，且在莫高窟中仅此一幅，前无古人，后无来者。图像下方有题记:“贞观十六年岁次壬寅，奉为大云寺律师道弘法师，奉(下残)。”表明绘制的年份是贞观十六年(642)。

东壁门两边是《维摩诘经变》，南侧画维摩诘示疾，北侧画文殊问疾。维摩诘身披鹤氅裘，手挥麈尾，身体微微前倾，与文殊辩论。其后有天龙八部，下面是各国王子。对面的文殊，身披天衣，璎珞满身，神态自若。其后有诸菩萨、弟子、天人簇拥，下面有帝王及跟随的群臣。这幅帝王图与阎立本《历代帝王图》中的帝王形象一致，双臂平伸，昂首阔步，气宇轩昂;后面的侍臣谦恭揖让，有序跟从。

匆匆而行的玄奘或许对当时正在开凿的第220窟没有贡献，但这些图

莫高窟第 220 窟北壁《药师经变》

像从未在此前的敦煌壁画中出现过，其底稿应当来自或者临摹自长安的画样。这些长安画样，很可能是得自从长安来敦煌迎接玄奘的使臣之手。他们为了迎候玄奘，一定提前到达敦煌，而这些奉太宗之命来迎接玄奘的人，应当也非等闲之辈，他们把长安“新样”带给敦煌，是完全合乎逻辑的。

另外唐朝在高祖武德六年（623）时牢固据有敦煌，特别是贞观七年（633）正式更名为沙州后，中原与敦煌的关系更加紧密。一些大族、文士陆续往来敦煌，如望都县开国侯刘德敏出任沙州刺史，敦煌的文人如翟通也曾经乡贡而到长安等，这都有可能把长安“画样”带到敦煌。因此可以说，贞观十六年（642）开始开凿的莫高窟第220窟中的长安画样，是当时中原与敦煌文化交流的必然结果。

此后玄奘在中原翻译了大量的佛经和学术著作，将那烂陀寺最盛时期所传承的佛学精华，基本上都传到了中国，这不但丰富了中国古代文化，还为古印度佛教和学术文化保存了珍贵典籍，同时丰富了石窟内佛教的题材和内容。在玄奘的推动

下，佛教在大唐呈现出一派欣欣向荣的态势，中西文化交流程度不断加强，敦煌唐代时期的洞窟明显表现出一种兼收并蓄、百花齐放的样貌。

莫高窟第 71 窟具有印度风格的菩萨

最活跃的世家大族

莫高窟虽然存有大量出资人画像，但与石窟的规模相比，能够在洞窟中留下痕迹的出资人其实仅占少数，且大部分是有权有势的家族，如翟氏、张氏、阴氏、李氏等，而能够留下反映一个家族延续几百年历史的遗迹更是凤毛麟角。敦煌李氏家族就用石窟这种媒介在莫高窟书写下了百年家族营建史，为我们留下了极为宝贵的文化遗产，成为敦煌历史上修建洞窟最活跃的家族。

莫高窟现存李氏家族镌刻的两块石碑、三方文，即《李君莫高窟佛龛碑》《大唐陇西李府君修功德碑记》《唐宗子陇西李氏再修功德碑记》（后两块碑文篆刻在一块碑的阴阳两面），年代分别是武则天圣历元年（698）、唐代宗大历十一年（776）、唐昭宗乾宁元年（894），因其年代分别简称为《圣历碑》《大历碑》《乾宁碑》。这些碑文为人们研究与考证敦煌历史变迁、民族纷争、莫高窟的兴衰及李氏世系等问题，提供了极为珍贵的史料。

《圣历碑》是陇西李氏在莫高窟镌刻的第一块碑。据碑文记载，敦煌李氏的祖先为李穆，经考证是李广的后代，与李唐宗族同属“陇西李氏”。李氏族人在莫高窟第一个凿窟建寺者为李达。唐初，李达任左玉钤卫效谷府旅帅、上护军等职，“乃于斯胜岫造窟一龛”，即今编号为 331 的洞窟，这也是陇西李氏在莫高窟所凿的第一个石窟。

李达的长子李感(曾任昭武校尉、甘州禾平镇将、上柱国)与兄弟们继承先人遗规，在第一个石窟之侧更造佛刹，不久而亡。其弟李克让(曾任左玉钤卫效谷府校尉、上柱国)遵照其兄遗愿，“乃召巧匠，选工师，穷天下之诡谲，尽人间之丽饰”，于 698 年修建完成了陇西李氏在莫高窟的第二个窟，即今编号为 332 的洞窟。

莫高窟第 332 窟窟室内景

到唐代宗时，李达之曾孙、李克让的侄孙——李大宾“千金贸工，楬石聒山”，完成莫高窟第148窟的凿建，这是陇西李氏在莫高窟第三次凿建石窟。其事迹完整地记录在窟前所立的《大唐陇西李府君修功德碑记》中。

《唐宗子陇西李氏再修功德碑记》是894年李大宾的重孙李明振重修先祖李氏洞窟的功德记，碑文刻于李大宾所立第148窟功德碑背面。

再者，在《大唐陇西李府君修功德碑记》中李大宾曾记“况祖孙五枝，图素四刹”，可知包括李大宾在内上溯几代，共修了4个洞窟。有学者根据莫高窟第390窟的供养人题记中有“幽州总管长史”的题记推断，第390窟很可能是李达的父亲李操修建的洞窟。

若此，从第390窟、第331窟、第332窟到第148窟，从隋末唐初开始，敦煌李氏就分别有李操、李达、李克让、李大宾、李明振先后传承数代，跨越近400年在莫高窟活动，他们在不同的历史时期都为敦煌文化的发展做出了重要贡献，堪称莫高窟营造史上最活跃的家族。

莫高窟第 148 窟窟室内景

最赤胆的英雄——张议潮

古往今来，英雄历朝历代层出不穷。七战匈奴的卫青、精忠报国的岳飞、“留取丹心照汗青”的文天祥……他们的事迹被写进史书、编入故事传颂至今，他们在国家危难之时挺身而出，在山河破碎之际不忘天下大义。而今天要介绍的这位英雄，他并未被载入史册，彪炳千秋。如果不是敦煌壁画和藏经洞文献零星地记录他的事迹，也许他会永远被湮灭在历史的长河中。这个人就是归义军节度使张议潮。

安史之乱使大唐慌了手脚，当安禄山和史思明的大军直逼潼关之时，唐王朝能做的就是“拆了东墙补西墙”，各地守军都被调回以解京城之难，驻守河西走廊的守军也不例外。河西走廊出现防守上的“真空”，吐蕃人便趁机出兵占领了河西及陇右各州。

张议潮出生的那年，吐蕃已经统治敦煌十余年。吐蕃在当地的统治者为了维护社会稳定，势必会有各种治理举措，从敦煌中唐时期营建和重修洞窟的数量来看，社会相对来说一片祥和。张家是沙州豪族，世代传承儒家“仁义礼智信”，见证了大唐的荣光，也承蒙大唐的恩

莫高窟第 98 窟甬道张议潮供养人像

惠，时时感佩于心。对张议潮而言，他虽从没有踏足大唐，但家族长辈们心念口传的过往使他对大唐心驰神往。这种向往在他幼小的心里埋下了“回归大唐”的种子，这颗种子从他青春少年到须发皆白一直在寻找机会跃跃破土。

842 年，吐蕃朗达玛赞普去世，由于没有子嗣，吐蕃统治者内部陷入争权夺利的内耗之中，国势日渐衰弱。848 年，张议潮率众起义，击败吐蕃守军，收复了沙州。张议潮在收复沙州的第一时间就派遣信使，希望将收复沙州的消息报告给唐王朝皇帝，也希望唐王朝能派兵东西夹击吐蕃一举收复河西。但是沙州往东仍是吐蕃统治之地，将这一消息传递出去谈何容易。张议潮先后派遣 10 路信使，从不同的方向前往长安报信，最终“九死一生”，有一路人马到达长安。唐宣宗听到消息后喜极而泣，自安史之乱后，河西走廊陷落吐蕃之手近百年，没想到竟然能有重归大唐的一天。但是曾经强盛的唐王朝此时已是“强弩之末”，根本派不出增援的军队，只能在沙州设归义军，任命张议潮为归义军节度使。

就这样，在离大唐几千千米的西北边陲，在被吐蕃重重包围的情况下，张议潮坚守着心中“回归大唐”的信念孤军奋战，一次次打退了吐蕃人的进攻，收复了甘州等 11 州，这一战就是十余年。861 年，张议潮攻克了凉州，至此，河西走廊全部重归大唐，从长安到玉门关的通道，也再次被打通。

坐拥伊州、鄯州、甘州、河州、廓州、岷州等 11 州的土地，张议潮没有拥兵自重，他派自己的兄长张议潭去长安报信，并献上 11 州图籍。张议潮心中除了报国，没有其他杂念。

867 年，作为质子的哥哥张议潭在京卒后，张议潮也被唐懿宗征召入京。皇命难违，张议潮不得不以 69 岁的老迈之躯，千里赶赴京城。在生命最后的岁月里，张议潮终于来到长安，来到了他一生为之奋斗而此前从未踏足的地方。虽然他对唐朝一片赤胆忠心，也无意独立称帝，但唐王朝继续推行质子政策，将其征入朝廷充当质子。这显示出唐懿宗削弱瓜沙节度使的用心和对张议潮的极不信任，872 年张议潮病逝于长安。

张议潮一生都在为回归大唐、重新打通丝绸之路而厮杀征战，他为大唐收复千里失地，说他是英雄实不为过。唐史中对张议潮的记载，并没有像唐初凌烟阁那些名将那样有着辉煌的功绩，也不像郭子仪、高仙芝等人的战绩，寥寥数语，不足以彰其德行。但即便如此，也难

莫高窟第 156 窟出行图中的张议潮

掩张议潮身上的光芒，他是一个被边缘化的英雄，历史会记住他。

为了纪念张议潮的功绩，莫高窟第 156 窟绘制了《张议潮统军出行图》和《宋国河内郡夫人宋氏出行图》。在雄武的文武仪仗之后，有一位着圆领红袍、系革带、戴幞头、跨白马的将领不怒自威，那就是收复河西、重整大唐江山的归义军节度使张议潮。

释门巨擘——都僧统洪䛒和翟法荣

洞窟的开凿除了需要潮流的推动、当地地方官员的支持，当然离不开僧团的参与。敦煌莫高窟之所以长盛不衰，应该与僧团的处世原则密不可分。敦煌的僧团自始至终一直与地方官员保持着互惠互利、相互依附的关系，这从供养人像一般是以僧人为首这一现象得到体现。

敦煌历史上不乏高僧大德，如拥有唯识学大师之称的昙旷和法成，曾前往藏地传播禅法的高僧摩诃衍。在这些高僧大德的引领和推动下，敦煌佛教僧团和寺院经济得到了空前的充实与发展，民间百姓的抄经、念佛、开窟、造像等活动，更是绵绵不绝，莫高窟始终维持着昌盛的荣光。

这些高僧大德中，能够达到巅峰，统领整个河西地区僧团的只有两位：一位是第一任都僧统洪䛒，另一位是第二任都僧统翟法荣。这两位高僧在推动敦煌历史发展及石窟的营建等方面都起了很重要的作用。

洪䛒作为敦煌张氏归义军时期首任河西都僧统，曾参与过张议潮推翻吐蕃的起义，是敦煌名僧，藏经洞保存有他的彩塑写真像，为学界所熟知。洪䛒在莫高窟营建方面也是不遗余力的，据敦煌写本记载，

莫高窟第 16 窟外三层楼

他在莫高窟开“七佛药师之堂”第 365 窟，建“法华无垢之塔”。另据研究，第 16 窟是他的功德窟“吴和尚窟”，有学者甚至认为整个第 16 窟、第 365 窟、第 366 窟组成的三层楼都是洪䛒的功德窟。

莫高窟第 17 窟洪䛒真容像

莫高窟第 85 窟翟法荣供养人像

继洪辩之后，第二任都僧统是翟法荣。P.4640《翟家碑》中花了很大的篇幅来记述翟氏家谱，由此可知翟法荣的父亲翟涓也是出家人，曾经担任过重要官职。翟法荣，自幼落发，在敦煌龙兴寺出家，法号邈真。他是一位能够兼修南北禅宗的大师，“南能入室，北秀升堂”。第 85 窟就是翟法荣开凿的功德窟。该窟分前室、甬道和主室 3 个部分，中央设有中心佛坛，上塑佛陀和弟子像。窟顶为狮子莲花藻井，四披和四壁绘《法华经变》《楞伽经变》《华严经变》《弥勒经变》《报恩经变》《观无量寿经变》等共 14 幅经变画，是莫高窟容纳经变画最多的洞窟之一。

据学者研究，该窟具有十分强烈的禅宗思想，如中心佛坛上释迦手握《金刚经》的卷子，四披和四壁绘有《楞伽经变》《金刚经变》《密严经变》《思益经变》等与禅宗关系密切的经变画，意在表现禅宗的正统思想，同时也表明翟法荣本人的禅宗信仰。

此外，由于晚唐时期禅宗与净土宗融合的趋势，该窟也绘制了

莫高窟第 85 窟窟室内景

《弥勒经变》《药师经变》《观无量寿经变》等 3 铺与净土信仰有关的经变。作为一个家族窟，第 85 窟在突出禅宗思想的同时，又延续和继承了多种佛教信仰，表达了“参罗万象，表化迹之多门；摄相归真，总三身而无异。方丈室内，化尽十方；一窟之中，宛然三界”的造窟精神。

洪䛒和翟法荣只是敦煌佛教僧团的代表，在他们的领导与主持下，敦煌译经不已，讲经不断，法会频繁，开窟不止。

最无辜的受害者——张淮深

张议潮比较仁义，他去长安后并未将归义军的大权交给自己的儿子，而是传给了哥哥张议潭的儿子、自己的侄儿张淮深。也许正是这个原因，张淮深对自己的这位叔叔也敬爱有加:他参与了第 156 窟张议潮功德窟的营建，在自己的功德窟第 94 窟中，也用了大量的笔墨绘制了叔叔张议潮的画像，并题写了“叔前河西十一州节度管内观察处置等使金紫光禄大夫检校吏部尚书兼御史大夫河西万户侯赐紫金鱼袋右神武将军南阳郡开国公食邑二千户实封二百户司徒讳议潮”这方史上最长的供养人官职封号。但福兮祸之所伏，从后来张淮深的命运来看，执掌敦煌对他来说并不是一件好事。

大顺元年(890)的二月二十二日，节度使府邸之中，张淮深及夫人连带 6 个儿子，一家八口悉数被杀。归义军最高首脑被谋杀，这应该是一件骇人听闻、满城风雨的大事，但所有的史书，对此桩谋杀案皆置若罔闻，没有人去追究，张淮深为何而死？是谁如此残忍地灭门？一切风平浪静，仿佛不曾发生，归义军的政权交到了张议潮的儿

莫高窟第 94 窟张淮深开凿洞窟内景

子张淮鼎的手中。

对于张淮深的死，历来学者有诸多猜测，有的观点认为是唐王朝秘密暗杀，有的认为是张淮鼎夺权，有的认为是后来执政的张议潮的女婿索勋谋害，等等，莫衷一是。如果没有张景球撰写《张淮深墓志铭》，墓志铭的铭文没有被收藏在藏经洞，也许这起蹊跷的谋杀案将永远湮没在历史的尘埃中，成为百思不得其解的谜案。

铭文前半段述及张淮深郡望、生平及子嗣，后半段用短短50余字，对张淮深之死作了简短的评价：

> 哀哉运戏，蹶必有时。言念君子，政不遇期。竖牛作孽，君主见欺。殒不以道，天胡鉴知。南原之礼，松楸可依。千古之后，世复何之。铭于旌表，用防改移。

张景球应该也是觉得张淮深死得冤、死得惨，为其打抱不平，所以在短短50余字中，隐晦提及了他的死因，虽仅有8个字，但也足以成为史学家们推理的重要线索。这8个字就是：

竖牛作孽，君主见欺。

我们来了解一下这8个字的含义。竖牛，不是竖起来的牛，而是一个人的名字！根据《左传》记载，竖牛是春秋时期鲁国公卿叔孙豹的私生子。叔孙豹大家知道吗？就是创立“立德、立功、立言”“三不朽”理论的鼻祖。竖牛从小由母亲抚养，成人后才投奔父亲。可能叔孙豹觉得有愧于儿子，所以对他疼爱有加。但万万没想到，叔孙豹弥留之际，竖牛因为利欲熏心，为争夺不属于他的财产而将同父异母的两位弟弟杀死，并上演了阿阇世太子活活将父亲饿死的惨剧。如果他达到目的后，自己得了好处也行，偏偏是忙乎了半天，为别人做了嫁衣裳，最后拥立他人为鲁卿，还遭了个“卸磨杀驴”被上位者杀死的结局。

这个故事告诉我们以下几条信息：

一是竖牛作孽中的竖牛是个庶子，因为争权夺利杀死了父亲和兄弟，由此推断，杀死张淮深的人应该是他的庶子。

二是竖牛一番折腾，自己并没有得到实质的好处，而是推举别人，还被别人追杀。那么杀死张淮深的人，应该也没有直接得到好处，甚至还惹火上身。

历史学家就跟柯南一样，抽丝剥茧，利用故纸堆里的蛛丝马迹，找出了张淮深的两个庶出的儿子：一人名叫张延思，另一人名叫张延嗣。因为出身，二人眼看着兄长加官晋爵，而自己却屈居人后，使得他们与自己的家人滋生嫌隙。怀恨在心的想法被后来最大的受益者、张议潮的儿子——张淮鼎利用教唆，最后二人杀死了自己的亲人，并从此人间蒸发。

至此，敦煌这桩最大的悬疑谋杀案终于水落石出了:张议潮之子张淮鼎，因为不满张淮深占据了本应该属于自己的节度使之位，而心生杀意，他是这场惨剧的背后主谋;而张淮深的庶子张延思与张延嗣被张淮鼎当作枪手，扮演了杀手的角色，他们弑父杀兄，并最终被卸磨杀驴，死在了张淮鼎的手下。此案中最无辜、最令人惋惜者当数兢兢业业的张淮深。在他 23 年的执政之路上，基本上扛住了外部压力，保护了归义军的结构完整，却未能善终，死在自己的儿子手中。

写到这里，惊讶于竖牛故事与张淮深之死两个故事如出一辙的同时，也感叹于张景球的博学与智慧，同时也对历史学家环环相扣的推理钦佩至极。历史真的是太神奇了，仿佛千年前张景球在墓志铭中藏了一个谜语，冥冥之中有个约定，千年后将谜底公布于世。

『招商』银行的行长——曹议金

上面介绍了张议潮和张淮深，很明显归义军节度使开始是由张氏家族控制的，突然冒出来个曹氏家族稍显突兀，所以在此有必要把归义军节度使统治敦煌的顺序介绍一下：张议潮—张淮深（张议潭子）—张淮鼎（张议潮子）—索勋（张议潮女婿）—张承奉（张淮鼎子）—曹议金（索勋女婿）—曹元德（曹议金长子）—曹元深（曹议金次子）—曹元忠（曹议金三子）—曹延恭（曹元忠侄）—曹延禄（曹元忠子）—曹宗寿（曹延恭子，曹元德孙）—曹贤顺（曹宗寿子）。

是不是看得云里雾里，也记不住这些名字？当然没必要刻意记，总的来说曹议金是张议潮的女婿索勋的女婿。索勋这个老丈人长期在瓜、沙任职，根基深厚，还曾出任归义军节度使，曹议金是靠攀附老婆的关系，以张议潮“外孙”自居，名正言顺地上位的，之后敦煌的政权就一直处在曹氏家族的统治之下。

曹议金的一生可以说是追逐权力的一生，在“敦煌郡，四面六蕃围”的政治格局下，为了维护曹家的江山，他作为“招商”银行的行长，亲力亲为，将他的婚姻和他女儿的婚姻都服务于政治。

榆林窟第 16 窟曹议金供养人像

曹议金有 3 位夫人，分别是巨鹿索夫人、天公主李夫人和广平宋夫人。索夫人前面已经介绍，是前归义军节度使索勋的女儿，通过婚约，曹议金成为敦煌统治集团的核心成员；天公主李夫人是甘州回鹘可汗的女儿，通过姻亲关系，曹氏归义军政权与甘州回鹘保持着友好的政治关系与频繁的经济文化往来，并在外得到甘州回鹘的支持；还有一位广平宋氏，宋氏在敦煌地位颇高，张议潮的夫人就是广平宋氏，宋氏生 3 子及 1 女（嫁于阗国国王李圣天）。

曹议金上台后为稳定政权，继续“招商”，将联姻延续在其子女身上，积极与敦煌当地的大姓豪族及周边政权和亲。莫高窟第 100 窟甬道北壁西起第 3 身供养人画像就是东嫁甘州回鹘阿咄欲的曹议金之女，榜题为：“女甘州回鹘国可汗天公主一心供养”，她同时也出现在第 61 窟

莫高窟第 100 窟曹议金之女、
甘州回鹘阿咄欲之妻供养人像

东壁南侧左起第 2 身。第 61 窟东壁南侧左起第 3 身头戴凤冠，浑身珠光宝气的女子也是曹议金的女儿。她是于阗国国王李圣天的皇后，可知曹议金将自己的女儿嫁给了于阗国国王李圣天，在第 98 窟还绘有李圣天与皇后的莫高窟最大的供养人画像。

可以说曹议金是最合格的“招商”银行行长，对于一个实力有限的绿洲小国，在各种关系中能左右逢源才是立足之本。通过曹氏家族与敦煌本地大族的联姻及与周边少数民族政权所产生的裙带作用，曹氏获得了最大利益，构成了曹议金政权稳定的基础，曹氏家族先后 5 代 8 位节度使统治瓜沙达 120 余年。

曹议金所经营的对外关系，在其子孙后代中也得到了很好的继承和延续。曹元忠的儿子曹延禄在 976 年统治敦煌后，又迎娶了于阗国国王李圣天与曹议金女所生的第 3 女为妻，即曹议金的孙子与外孙女又结婚，榆林窟第 35 窟绘有曹延禄和于阗天公主的供养人画像。在曹议金的经营下，敦煌社会安定，百姓安居乐业，以曹氏家族为首的各阶层出资人建造了大量的洞窟。

出镜率最高的女子——天公主李夫人

曹议金的第1任夫人索氏早逝，第2任李夫人顺位，加上李夫人回鹘公主的身份和娘家甘州回鹘的声势，顺理成章地成为曹议金最宠爱的女人，在石窟中也出尽风头。

据《新五代史·回鹘传》记载，“其可汗常楼居，妻号天公主”，“天公主”是可汗妻和可汗女的通称。李夫人是甘州回鹘可汗的女儿，所以称为“天公主”。在敦煌文献和石窟题记中，因时期不同，她先后被称为“天公主”“天皇后”“国母天公主”“国母圣天公主”等。

曹议金的3个儿子曹元德、曹元深、曹元忠，在曹议金去世后先后接任敦煌的最高首领。第3子曹元忠无疑是曹议金第3任妻子广平宋氏所生，至于另外两位，学术界一种观点认为他们是第1任索夫人所生，第2任回鹘李夫人曾生子，但因各种原因去世;另一种观点认为李夫人生曹元德、曹元深及一女（嫁回鹘可汗阿咄欲）。

但无论何种情况，天公主李夫人仍然是曹氏家族第一女子，无论是丈夫曹议金，还是曹元德、曹元深，甚至肯定不是自己儿子的曹元

榆林窟第 16 窟回鹘天公主供养人像

忠都对她敬重有加。她的供养人画像出现在第 22 窟、第 55 窟、第 61 窟、第 98 窟、第 100 窟、第 108 窟、第 401 窟和榆林窟第 16 窟等，成为莫高窟出镜率最高的女子。在第 100 窟中绘有《天公主出行图》，那是归义军首任节度使张议潮夫人才有的待遇。在第 61 窟曹元忠功德窟中，曹元忠将天公主绘制在供养人第 1 身的位置，而将自己的母亲广平宋氏放在第 4 身，第 2 身、第 3 身分别是嫁给回鹘和于阗王室的两位姐姐，由此可以看出回鹘公主在整个曹氏政权中都具有绝对重要的地位，她无疑是莫高窟营建史上最风光的女子。

莫高窟第 61 窟东壁门南供养人像

最温和的统治者——曹元忠

封建社会中娶妻纳妾是普遍现象，前文介绍曹议金有 3 房夫人，据研究他的儿子曹元德、曹元深皆有 4 房，而小儿子曹元忠却一生只娶了 1 房，还如初恋般一生保持着婚姻的新鲜度，处处秀恩爱。

他的夫人浔阳翟氏是敦煌世家大族的小姐，应该长得不会差。目前敦煌保存下来的翟氏画像有榆林窟第 19 窟甬道北壁的浔阳翟氏供养人像，莫高窟第 98 窟北壁东端东向第 10 身以曹元忠夫人、曹议金儿媳妇身份被绘制的新妇小娘子翟氏像，第 427 窟以曹元忠夫人身份被绘制的凉国夫人像，等等。

第 427 窟画中的女子头戴桃形凤冠，头饰梳子，鬓插步摇，可谓“头上鸳鸯双翅翠，云鬓花冠金步摇”；她眉施粉黛，面染两颊，并贴花黄，成“满面纵横花靥”之貌；装饰华丽，项戴瑟珠，身着大袖裙襦，肩披绣花帔子，腰系软带，端庄秀美。

曹元忠是曹议金第 3 任夫人宋氏所生，论资排辈，要不是兄长曹元德和曹元深命薄，当节度使都没熬过 5 年，也就没曹元忠啥事了。

莫高窟第 427 窟翟氏供养人像

莫高窟第 61 窟东南壁供养人像

可能不是嫡出，地位不高，不敢飞扬跋扈，加上母亲宋氏汉文化的熏陶，曹元忠性格比较温和。第 61 窟是曹元忠的功德窟，从窟中供养人绘制姐姐妹妹一大堆来看，曹元忠比较尊重女性，且跟兄弟姐妹的关系也比较好。曹元忠如同贾宝玉一样，看惯百花，若钟情独宠一枝，“情人眼里出西施”，本就十分貌美的翟氏集曹元忠万千宠爱于一身也就顺理成章了。

曹元忠从不吝啬对夫人翟氏的溢美之词，经常在不同的场合中令人猝不及防地夸赞妻子：如 S.5973《开宝七年二月归义军节度使曹元忠施入回向疏》云“夫人花容，同桂兰而永茂”；P.2985《斋文》记载

“凉国夫人，西施价重，南越呈姿。凤钗每耀于双肩，蝉鬓常染于两睑。逶迤前进，（如）织女以随星；举口没从，如恒娥之逐月”；P.2733《行像施舍发愿文》中云“我凉国夫人……体花永耀，若口之分星；只（质）貌恒春，同月中之闺（桂）树”；CH.00207《宋乾德四年归义军节度使曹元忠夫妇修莫高窟北大像功德记》中也说“夫人仙颜转貌，芝宫之宠日爵日新；玉貌恒荣，兰掖之荫庥盖厚”。曹元忠对翟氏的欣赏与爱慕可见一斑。

翟氏为曹元忠养育了 1 女 3 子，分别为长女曹延鼐，3 个儿子曹延禄、曹延晟和曹延瑞。榆林窟第 10 窟有曹延鼐的供养人画像，她后嫁给慕容氏为妻；曹延禄为曹元忠的长子，后出任归义军节度使，榆林窟第 12 窟有曹延禄的供养人画像。

作为节度使夫人的翟氏是幸运的，也是幸福的。她与曹元忠两人经常出双入对，恩爱两不疑，执手偕老，相濡以沫，成为羡煞旁人的“模范夫妻”。

或许是得益于曹元忠这种温和的性格，他统治敦煌的时间是历届节度使中统治时间最长的，也是敦煌文化最为昌盛的时期。第 61 窟西壁通壁绘制的《五台山图》就是此时期艺术的巅峰之作。

莫高窟最后的皇室出资人——速来蛮

如果不是敦煌留存有元代的石碑及碑文，也许除了莫高窟的风沙，没人记得速来蛮是谁，他什么时候来过，他来做了什么，这再次印证了碑刻时代性强、保存性强的各种优势。

速来蛮是何许人？学界有专门研究的文章，但结论不一，感兴趣的读者可以自行下载，深入了解，总之速来蛮是个亲贵，可能是成吉思汗第 7 代或第 8 代子孙。

敦煌现存两块元代的碑刻：一方名为《六字真言碑》，一方名为《重修皇庆寺碑》。两方碑文都提到了速来蛮的名字，由此我们得知速来蛮是镇守沙州的西宁王。《六字真言碑》立于元顺帝至正八年（1348）五月十五日，是速来蛮及妃子、太子、公主、驸马等布施刊刻的，距今 600 多年。碑的上部横镌汉字楷书“莫高窟”3 个字，碑心中央阴刻密宗的四臂观音像，观音上方及左右两侧各刻“六字真言”两行，每行 1 种文字，有梵文、藏文、汉文、西夏文、八思巴蒙古文、回鹘文等 6 种文字。两侧及下部刻功德主的相关信息，包括西宁王速

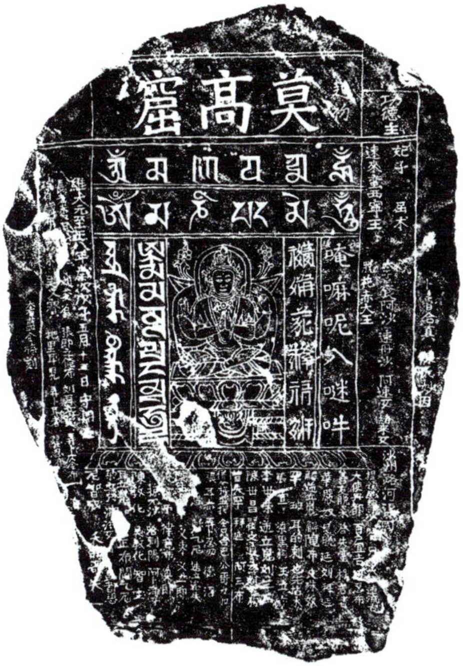

莫高窟六字真言碑

来蛮、妃子屈术、太子养阿沙和速来沙等题名；左侧为纪年及立碣僧俗人等题名。虽然此碑的内容简单，但意义重大，它一方面显示了元朝统治者信仰佛教、重视藏传佛教的史实；另一方面又说明元代是一个多种语言、多个民族并存交融的朝代。

而《重修皇庆寺碑》的立碑时间是至正十一年（1351）。据碑文的内容可知，西宁王速来蛮除了笃信佛教，刻立《六字真言碑》外，还出资命寺僧守朗主持重修皇庆寺，使得壁画、塑像、栋宇焕然一新。但不幸的是皇庆寺刚竣工，速来蛮就驾鹤西归了，寺僧守朗为了纪念歌颂西宁王速来蛮重修佛寺的功绩而立此碑。碑文交代了立碑的原因、时间、参与人员等信息，列出了蒙汉功德主、施主名计 150 余人，是

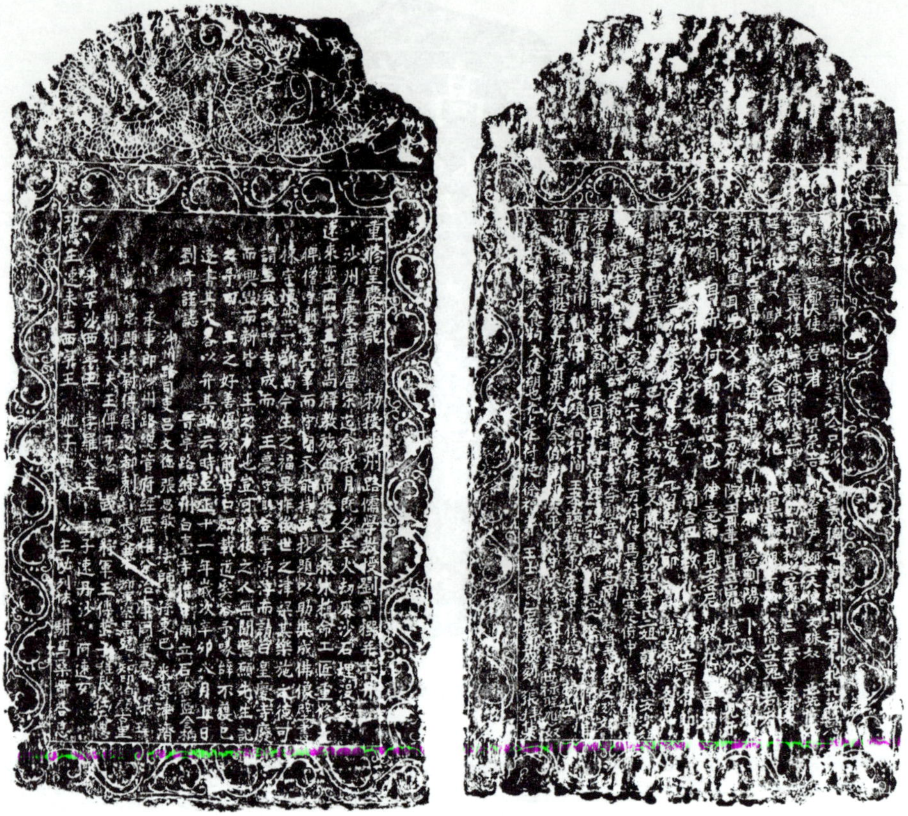

《重修皇庆寺碑》（正、背面）

研究元代历史与佛教的重要资料。

上述各小节集中介绍了莫高窟的出资人，通过出资人的身份，我们可以看到敦煌石窟营建的强大团队。这里面有皇室、有地方政权首领，有僧官，当然还有众多的信众。西宁王速来蛮是莫高窟历史上最后一个有史可查的皇室出资人。正是因为有了他们的支持，才有了莫高窟的熠熠生辉。

XIEGEI
QINGSHAONIAN
DE
DUNHUANG
GUSHI

写给青少年的
敦煌故事

论莫高窟的『高光时刻』

洞窟形制最多样的石窟

敦煌石窟是集建筑、彩塑、壁画于一体的综合性佛教艺术宝库。建筑是彩塑和壁画的载体，也是敦煌石窟艺术不可分割的主体部分。

敦煌石窟 800 多个洞窟鳞次栉比地分布在南北两个区域的空间中。在 1000 多年的发展历程中，大体来讲，敦煌石窟的形制主要有以下几种：毗诃罗窟（禅窟）、中心塔柱窟、覆斗顶窟、背屏窟、涅槃窟、大像窟、僧房窟、瘗窟（用于埋葬死者）、廪窟（储存物资）等。目前相较于其他地区的石窟，敦煌石窟拥有最多、最齐全、最完整的洞窟形制。

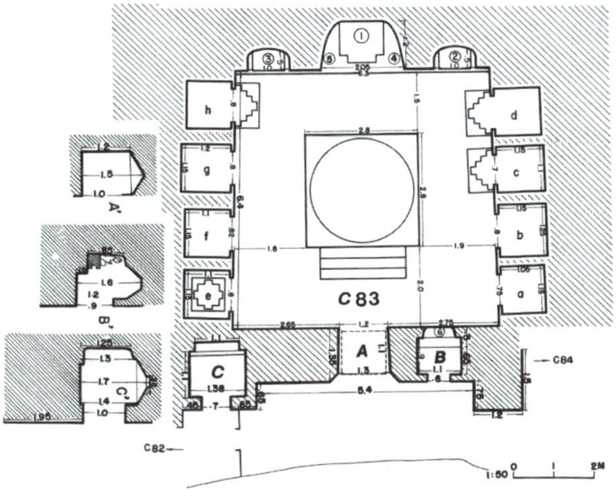

莫高窟第 285 窟平面图

（C83 是张大千编号，第 285 窟为现编号）

禅窟是僧人用来坐禅修行的洞窟。禅窟出现最早，从文献上可知，乐僔、法良等高僧最初开凿洞窟就是为了坐禅修行用的。现存的禅窟有单室禅窟和多室禅窟两种，前者多见于北区，而后者见于莫高窟第268窟和第285窟。

中心塔柱窟是指在一个空间中，靠后的部分有一座象征佛塔的方柱，上面与窟顶相连，方柱的四面也可开龛，环绕方柱形成一个空间回廊，以供绕塔观摩，这种形制在早期洞窟中比较流行。

覆斗顶窟因洞窟顶部与四披之间形成的斜坡像一个倒扣下来的斗

莫高窟第254窟中心塔柱窟

莫高窟第 303 窟倒塔状中心塔柱窟

莫高窟第 420 窟三龛殿堂窟

莫高窟第 244 窟覆斗式殿堂窟

莫高窟第 55 窟背屏式洞窟

而得名，是隋唐时期的基本窟形，也是莫高窟最多的窟形。

背屏窟是在覆斗顶窟的中央设佛坛，佛坛后面有背屏直通窟顶，是晚唐、五代、宋时期的基本窟形，一般在较大的洞窟中出现。

涅槃窟和大像窟是唐代根据造像规模和造像体态的特定需要而开凿的特殊窟形，莫高窟代表性的涅槃窟有第 148 窟、第 156 窟，大像窟有第 96 窟、第 130 窟等。

其他的僧房窟、廪窟、瘗窟多集中在莫高窟北区。

敦煌石窟的这些形制是古代工匠在吸收早期印度、中亚等地传统

莫高窟第 431 窟宋代窟檐

石窟形制的基础上，根据中国本土的具体情况，吸收中国传统建筑的样式而不断探索形成的。事实上，大部分洞窟都是有木结构建筑或木结构回廊的。只是元代后，敦煌石窟荒芜几百年，加上各种因素的破坏，这些木结构建筑都已经被损毁拆除，原来应该是目前能看到的第 427 窟、第 428 窟、第 431 窟、第 437 窟、第 196 窟等窟窟外的模样，想来甚是壮观。

除了石窟本体，石窟壁画中建筑画更是丰富，这些建筑画自十六国一直延续到元，有佛寺、城垣、宫殿、阙、草庵、穹庐、帐、帷、客栈、酒店、屠房、烽火台、桥梁、监狱、坟茔等，有建筑部件和装饰，如斗拱、柱坊、门窗，有单体建筑也有以成院落布局的组群建筑，

莫高窟第 275 窟北壁阙形龛

莫高窟第 172 窟北壁《观无量寿经变》中的建筑图案

莫高窟第 290 窟建筑施工图

还有建筑施工图等。这些本来为描绘佛国天堂，宫殿楼阁、水榭歌台、勾栏碧池的建筑样式和风格，实际上是人间帝王宫殿、宗教殿堂、世俗建筑的呈现，反映了近千年不同类型的建筑形象资料，展示了一部完整的中国建筑史。

最早的洞窟

在崖体上开凿洞窟也是有顺序的，并不是东一个西一个，从目前莫高窟的洞窟分布来看，莫高窟各窟室的开凿是有一定的顺序和规律的。一般每个时期所凿洞窟都比较集中，后来者以先开的洞窟为中心向崖面的左右两边或上下扩展，在崖面上形成了一个个的时代区域。即使有后来见缝插针式地建造的洞窟，那也是在洞窟崖面饱和的状态下出现的，在时代排列上也可以一目了然地将其辨识。有了这样的基本规律，对解决洞窟的分期、断代、排年就有重大的作用和意义。

尽管有乐僔、法良最先开窟的记载，但是并不确定他们开窟的位置，而且是禅窟，想必早已被后代再利用。有学者认为，20 世纪 60 年代挖掘出来的第 489 窟，从其窟前地面和台地变迁状况来看，应该是莫高窟崖面上最早出现的洞窟，可能是一个禅窟。第 489 窟为莫高窟最早的洞窟，仅为一说，因洞窟中没有其他内容，在此不多论述。

目前，莫高窟有内容的早期洞窟都集中在崖体中段中上层，以第 268 窟为中心向南北两边延伸，而以第 268 窟、第 272 窟、第 275 窟的壁画、塑像为最早，被断定为十六国北凉时期的作品，是目前莫高窟崖面上最早的3窟，说不定乐僔、法良开凿的最早的禅窟也在这3窟之中。

第268窟，东西纵长，正壁塑交脚佛像，南北两壁合开两个禅窟，其形制和布局在莫高窟洞窟中比较特殊。

第272窟，位于第268窟、第275窟中间，平面方形，正壁塑倚坐佛。

第275窟，东西纵长，正壁塑交脚菩萨1身，南北两壁上部开圆

莫高窟第268窟窟室内景

莫高窟第 272 窟窟室内景

券形龛、阙形龛，塑思维菩萨，下画本生故事和佛传故事。

一般认为这 3 个洞窟是一组完整的佛教建筑群，其中第 268 窟为禅窟，第 272 窟为供养礼拜的佛殿，第 275 窟用作教育和宣传的讲堂。3 个洞窟的壁画和塑像按照作用进行了统一的布局和绘制，3 个洞窟是一次性完成的。

莫高窟第 275 窟窟室内景

最高的建筑——九层楼

莫高窟九层楼外景

九层楼即今天的莫高窟第96窟，里面有莫高窟的第一大佛，古称北大像。

北大像建于武则天统治时期的695年，所以九层楼的始修年代也应在此时。当时修有四层楼，晚唐张淮深时进行修缮，将楼层加至五层，后曹元忠夫妇出资撤换了部分木材，将五层楼又修葺一新。

光绪二十四年(1898)，商人戴奉钰曾加以维修，中途而废。民国十六年(1927)，敦煌民众刘骥德等集资维修，用了8年的时间，至1935年完工，将原有的五层楼改成了现在所看到的九层楼。民国二十五年（1936）《重修千佛洞九层楼碑记》记录了这一历史史实。

20世纪初暴露在外的大佛

“光绪二十四年，商民戴奉钰建未成。民国十六年，商号德兴恒慨施千元，号东刘骥德（子和）、农民王凤智、王章首承建筑之任。年余，以工巨难任，中途告退。十七年，子和复邀邑绅张盘铭（涤吾）、农耆朱浚（次山）、僧会司易昌恕，集合官绅农商各界，发愿复修，矢叨必成。唯工程浩大，克期不能藏事，逐成劝募为续修之计。起民国戊辰至乙亥，八易春秋，用金一万二千余元。”

九层楼因其壮观醒目，成为莫高窟的标志性建筑，是游客到莫高窟必定会拍照留念的景观。

最早的塑像

既然第 268 窟、第 272 窟、第 275 窟都是北凉时期的洞窟，那么这 3 个洞窟中的塑像自然都是最早的。

鸣沙山砂砾岩的特性决定了石窟中塑像的制作不能像云冈石窟、龙门石窟一样在崖体上直接精雕细刻，所以莫高窟塑像一般都是木骨泥塑，少量大佛采用石胎泥塑。所谓木骨泥塑是指先根据塑像大小及形态，制作相应的木结构骨架，在木结构骨架上捆绑芨芨草、芦苇后敷上粗制草泥塑出基本形态，再以掺有细麻和棉花的细泥精抹，最后彩绘完成。所谓石胎泥塑是指塑像的内层为崖体，表层用泥土塑成。莫高窟的大佛、大的涅槃佛都属于石胎泥塑，其余皆为木骨泥塑。

最早的佛像也不例外，莫高窟第 275 窟的弥勒造像是北凉 3 窟塑像中的代表作，也是木骨泥塑。此尊塑像高 3.34 米，左手作与愿印（满足众生的愿望），右手残，双足相交，身靠三角形靠背，坐于方形双狮座上。她头戴三珠宝冠，冠中现化佛，鬈发披肩，面部浑圆，鼻直眼突，上身袒露，饰璎珞，肩宽胸平，腰束翻边羊肠大裙，衣褶贴

莫高窟第 275 窟主尊交脚弥勒

泥条隆起，加阴刻衣纹线。塑像体态健硕，造型简朴。

弥勒造像是印度早期佛教美术中十分流行的题材之一，交脚弥勒像也见于犍陀罗的雕刻中。这身突起的衣纹线上施阴刻线法见于4—5世纪的犍陀罗（即今阿富汗及巴基斯坦北部一带）雕刻；菩萨头冠上的仰月形装饰与阿富汗巴米扬石窟的弥勒菩萨表现形式一样；菩萨背后的三角靠背，以浮塑的手法塑造出如锦制般的纹饰，亦见于中国新疆和阿富汗的石窟中。这些都体现了早期敦煌石窟中明显的西域佛教艺术元素，反映了东西方文化交流融合发展的历史。

最美的禅定佛

也许北方的苍茫，凝聚着一种不可言说的神秘生命力，给人一种超越自然的深刻，所以自南北朝时期，佛教便形成了“北重禅修”的发展趋势。“禅”是梵文的音译，意为“思维修”“静虑”。坐禅，是北方僧人主要的修行方式，塑造禅定佛也成为石窟塑造的绝佳题材。

莫高窟第259窟就有一身洞察生命本性的禅定佛。

这身不足1米的佛像，身披红色阴刻线通肩袈裟，双腿盘坐，双手相叠，自然收于腹前。他发髻高耸，双耳垂肩，双唇微闭，成月牙形，嘴角自然上翘，沉静甜美，仿佛进入一个美妙的世界。

与其相视，屏息凝神间，仿佛空气瞬间凝滞。

西方雕塑与东方塑像不同，其目的是“求真”，让雕塑无限地接近人体肌肉和骨骼的走向；而东方的彩塑在于“传神”，这在麦积山石窟、龙门石窟等都有体现。所谓“神”，或更在于一种韵律、一种呼吸的节奏，能够同步观者与塑者的呼吸、观者与佛的呼吸。这身禅定佛微微上翘的嘴角，弯如半月的双唇，显露出的一丝笑意，是发自灵魂深处

莫高窟第 259 窟北壁禅定佛

的会心微笑。洞察一切的古代工匠真是高明，他们塑造的超凡脱俗的境界不是哈哈大笑，而是从内心发出的喜悦。这种喜悦里，有对佛教哲理的领悟，饱含着禅定的所有玄奥。有一种坦荡无忧的神韵，难怪这尊彩塑被众人誉为“东方的蒙娜丽莎”。

当今全世界都被蒙娜丽莎的神秘微笑所倾倒，而这尊禅定佛雕塑远远早于蒙娜丽莎，已经在石窟中微笑了1000余年，人世的繁华与浮沉早已归于内心的澄明寂照和无念清静。

最有颜值、最完整的彩塑群像

唐代是莫高窟彩塑的黄金时代，不仅善于营造大型佛像，更精于塑造与人等身的群像。盛唐第 45 窟的彩塑群像 7 身，是莫高窟唐代的彩塑代表作，也是敦煌 2000 余身彩塑中的精品。

主尊为释迦牟尼佛，佛像右手上举，左手抚膝，端坐说法，头顶高耸螺纹肉髻，面相宽和圆润，双耳垂肩，鲜明地体现了佛陀大慈大悲大智的性格特征。

佛像左侧的是佛的大弟子迦叶，迦叶以“头陀第一”著称，也就是苦修第一，所以通常迦叶的形象都是老成持重的苦行僧的形象。此尊迦叶内着锦襦，外披田相山水衲衣，面貌清癯，嘴角深陷，浓眉纠结，双眼下视，神情老成练达，沉毅矜持，塑造了一个资历高深、精研佛法、思想深邃、令人敬仰的高僧大德之形象。

佛像右侧是佛的小弟子阿难，阿难是佛的堂弟，以“智慧第一”著称，博闻强记。现在人们读的佛经都是佛去世以后弟子们集结的，据说是阿难口述而成。他上身后倾，两手相交置于腹前，头稍稍右倾，

莫高窟第 45 窟彩塑群像

举止闲适潇洒，面目英俊秀朗，神情腼腆，俨然一副美少年的形象。

弟子两侧的是胁侍菩萨。所谓胁侍菩萨就是协助佛讲经说法的菩萨。这两身菩萨塑像是唐代彩塑菩萨的上乘之作。菩萨面相丰满圆润，云髻高耸，长眉入鬓，双目微启，眉目间似笑而非笑，神情恬静慈祥，姿态娉婷婀娜，丰腴修长，肌肤莹润细腻。画师对菩萨的肩膀、腰胯、脚腕等细节都有生动细微的描绘，节奏鲜明的“S”形动态，赋予菩萨一种娇滴滴的大家闺秀的风度，俨然就是两位绝色美人。其中南侧的菩萨，双肩倾斜，头部微微侧向身旁的阿难，阿难也不由自主地稍稍侧身相向，彼此呼应，似乎在窃窃私语，极为传神。

莫高窟第 45 窟弟子阿难

最外侧的是两身天王，身躯魁伟，气势威武，头束高髻，身着铠甲，是唐代武士的典型样式。天王双眉紧锁，两眼怒视前方，叉腰握拳，重心落于两脚之间，以轻捷稳健的半弓步横跨在小鬼身上。头部侧转，俯视下方，胸部随着即将出击的拳头相应地向内倾，使体态形成内弛外张之势，显现出一种向外暴发的力量和激昂奔放的动感。

此窟原有塑像9身，如今龛外两侧力士像已经不存在。这组塑像形神俱备，是盛唐时期不同人物的写照，充分展现出人间性格，生动地刻画了佛陀与弟子等不同的身份与内在性格，佛陀的庄严、弟子的谦恭、菩萨的柔媚、天王的威严都得到恰如其分的展现。

莫高窟第45窟胁侍菩萨

最大的室内佛

几乎全国所有的佛教遗迹都有个大佛，不信你细数，云冈、龙门、乐山、荣县、彬县、麦积山、炳灵寺、天梯山，是不是一说起来你脑海中就已经浮现出各个大佛的模样。所以莫高窟也不例外，也有大佛，还修了两个：一个北大佛（又称“北大像”），一个南大佛（又称“南大像”）；一个高35.6米，一个高26米。很明显北大佛就是莫高窟最大的佛，也是全国最大的室内佛。

来莫高窟参观的人都会在莫高窟的标志性建筑——九层楼前留影，九层楼就是这个“最大的佛”的家，编号为第96窟。这尊佛像开凿于695年，与莫高窟其他的小型塑像不同，它不是木骨泥塑的，而是在整个崖面上先凿出佛的大体轮廓，然后用草泥垒塑，用麻泥细塑，最后用色料着彩而成的。如此复杂的过程，应是当时工匠们集体智慧和创造力的结晶。

这尊佛是弥勒佛，左手作与愿印，意为满足众生的愿望，右手作施无畏印，意为拔出众生的痛苦。整尊大佛除了胎体、坐姿及比例外，

莫高窟第 96 窟窟内大佛

其他如衣纹、颜色、手势等都经后代不断重修，所以有如此好的寓意应该也是后人在重修的过程中不断取舍的结果。

根据敦煌遗书文献《莫高窟记》记载，这尊佛像是695年由禅师灵隐和居士阴祖建造的，修凿的背景可能与武则天有关。唐高宗去世后，武则天在公元684年当政，薛怀义与僧法明等和尚编著《大云经疏》讨好武则天，用《大云经》中“一佛没七百年后，为女王下世，威伏天下”的一句话为武则天登基大造舆论，鼓吹武则天就是弥勒下世，“当代李唐，入主天下”。于是武则天下旨，向全国颁布《大云经》和《大云经疏》，令各州县建大云寺，造弥勒佛像供奉。同年，武则天登基，改国号为周，纪年为证圣，自加尊号为“慈氏越古金轮圣神皇帝”。莫高窟的这尊大型弥勒佛像，可能就是在这次崇佛浪潮中建造的。

“大头”佛

“大头，大头，下雨不愁；别人打伞，我有大头。”这是大头者的自嘲，但敦煌的这位“大头”佛像却因为有了大头而颜值倍增，心花怒放。

开凿于盛唐开元、天宝年间的第 130 窟，窟内塑像是莫高窟的第二大佛像，又称“南大像”，是一尊高 26 米的倚坐弥勒佛像。据敦煌遗书文献《莫高窟记》和《杨洞芊列记敦煌古事》记载，此尊佛像是唐代开元九年（721）由敦煌人马思忠始建的。在窟内甬道中有供养人晋昌郡太守乐庭瓌及其夫人太原王氏的画像题记，由此推知此窟为晋昌郡太守乐庭瓌的功德窟。乐庭瓌其人，唐书没有记载，但《唐书·地理志》有关于晋昌郡设立的时间，“河西道瓜州都督府下，天宝元年（742）为晋昌郡，乾元元年（758）复为瓜州，置刺史。”故乐庭瓌应是在天宝元年至乾元元年间任晋昌郡太守。那么，第 130 窟的塑像和壁画全部竣工应在此期间，即约唐玄宗天宝年间（742—756），洞窟的营造历时近 30 年，是莫高窟中营造时间最长的洞窟。

莫高窟第 130 窟窟内大佛

这尊弥勒佛像倚崖而坐，左手扶膝，轻柔自然，右手施无畏印，头部微俯。从比例上讲，这尊弥勒佛仅头部就有 7 米之长，占坐姿身体的四分之一还多，绝对是一个“大头”佛，但因为视角的原因，从佛像脚底往上看，却一点儿都感觉不到佛像的比例失调，反而因为头部大而显得面部更加清晰。他双眼微合下视，略含笑意，神情庄重慈祥，与其对视，更拉近了佛与人之间的距离。

面对芸芸众生，第二大佛像经常沾沾自喜:“也许我站起来不美，但是端坐在这里，我就是美的化身。”古代艺术匠师们用他们的聪明才智做了颇具匠心的艺术处理，突破了人体科学的比例，这不得不说是一个创举。敦煌的“神韵”，正是这样一个不科学的比例，让世世代代每一个站在地面之上、仰视过他的人，皆生出敬畏之心，被佛的庄严与肃穆所感染。

最残缺的美——彩塑中的维纳斯

断臂的维纳斯作为法国卢浮宫的镇馆之宝，可谓是举世闻名。

在很多人心目中，断臂维纳斯是残缺美的代言人。优美流畅的线条，骤停于断臂之处，有了残缺的维纳斯，给人无限想象的空间。

敦煌也有1身断臂菩萨像，比维纳斯早几百年，是初唐时期的精品。这身菩萨一腿盘坐莲台，一腿下垂为“游戏坐”，上身袒露，左肩斜披一缕轻纱，戴项饰、璎珞，腹部微鼓，身体重心向右微倾，腰肢扭动呈“S”形，动感强烈。她那微倾的头部，挺直的腰身，丰满而富有弹性的肌肤，贴身的长裙，不但体现出安详自信的神韵，而且表现出肉体和丝绸不同的质感和实感。虽然面部和双肩已经残损，但观其残身却不减那动人的曼妙身姿，那婀娜多姿的风采，给人留下了无限的遐想。

岁月写在了脸上，菩萨身上的颜色因为氧化的原因已经变成了黑色，这更凸显了她的形体美和力量感。这尊塑像趋于女性化，菩萨娴静的体态，华贵而含蓄，但又不过分强调女性特征，体现了中和、典雅的东方美学风韵，被赞誉为“东方的维纳斯”。

莫高窟第 205 窟菩萨塑像

最美的涅槃佛

涅槃是指佛教徒经过累世苦修，脱离生老病死的轮回，达到一种常乐我净、不生不死的永恒境界。涅槃是佛传故事的重要情节，也是佛教徒们追求的最高境界，所以全国各地的寺院石窟皆刻画有涅槃的主题。莫高窟中共有大小涅槃像 6 身，分别塑在初唐第 332 窟，盛唐第 39 窟、第 44 窟、第 225 窟、第 148 窟和中唐第 158 窟。这 6 身涅槃像除了第 148 窟、第 158 窟是专门的涅槃窟外，其他 4 身皆为小型涅槃佛，塑在石窟后壁或侧壁。

莫高窟最大也是最美的卧佛位于第 158 窟。此窟平面为长方形，东西进深 7.28 米，南北长 17.2 米，窟顶为长方形盝形顶，整个洞窟就像是一口巨型的棺材。长达 15.6 米的塑像静静地躺在洞窟正面的佛床上，一躺就是千年，不曾受外界打扰，保存着唐代原作的风貌。

佛陀头枕大雁衔珠联珠莲花纹枕，右手枕在头下，双目半闭，神态安详，仿佛一个假寐的少年，嘴角还留有含蓄的笑意。他肌体圆润丰腴，曲线优美，身上的袈裟与身体起伏的曲线相配合，自然形成一

莫高窟第 158 窟涅槃佛

条条柔和的衣纹曲线，构成完美的韵律。这尊涅槃佛像睡态安详，神情恬静，全无濒死前的痛苦之感，出神入化地刻画出释迦牟尼涅槃时的安详自信，泰然而往的意趣和神韵，焕发出了佛的慈悲之美和超脱之乐，以绝对的从容和宁静给予世人无限的希望和信心。这与周边弟子举哀和王子举哀的悲哀气氛形成强烈的对比，又浑然一体，更加衬托出佛崇高、神圣、超脱的境界。

莫高窟第 158 窟窟室内景

最早的肖像

我国肖像画自西周起，延续时间久远，到唐代发展到鼎盛，我们熟知的阎立本的《步辇图》《职贡图》就是我国肖像画的代表作。肖像画其实是有记录、纪念历史事件或人物等功用的，但历史上留存下来的根据真人绘制的肖像画不多，专门的肖像塑像更是凤毛麟角。

敦煌莫高窟的部分供养人画可以当作肖像画作的一种，如《张议潮统军出行图》，晚期张氏、曹氏供养人等。或许千年前肖像类的塑像也有不少，但留存到现在的根据真人塑造的塑像仅有 1 尊，由此可见这身人物像的地位之尊贵。

这身肖像是洪䛒法师的真容像。洪䛒是 8 世纪中叶敦煌佛教僧徒首领，曾暗中帮助张议潮推翻吐蕃的统治，使河西又归回大唐。唐王朝为奖励他的功勋，敕封他为“河西释门都僧统”和“沙州僧政法律三学教主”，并亲示诏书，赐紫衣及各色绢绫信物。

洪䛒去世后，他的弟子悟真在洪䛒营建的第 16 窟甬道北侧（现第 17 窟）开了一个小型纪念影堂。在影堂中绘塑了洪䛒的真容肖像，并

洪WORD高僧真容像及告身碑

把当朝敕赐告身、诏书、信物名牒等刻在石碑上，嵌于影堂的西壁。

此尊肖像坐北向南，身姿端正，面目慈祥，身着田相袈裟，通肩裹体，禅定坐，头额饱满，眼神温和，气度轩昂，额前眼角留下饱经风霜的皱纹，既表现了他三学精进的修养，又有僧统国师的威严。肖像后绘有枝叶繁茂的菩提树，左侧树枝上悬挂一手袋，右侧树枝上挂一水壶，一持杖侍女和一执扇比丘尼分立两边，塑像和壁画结合得十分融洽。

洪𧅡高僧正面像及背景

11 世纪初藏经洞封闭，关于其封闭的原因众说纷纭，目前也没有定论，但是可以肯定的是为了将经书藏于此密室中。洪𧅡高僧的像被挪出，另置于第 16 窟上方的第 362 窟中。直到 1965 年敦煌文物研究所的常书鸿带领研究人员在普查洞窟时，通过研究才证实这身塑像的真正身份，将其归至原位。

最完整的石窟编年史——石窟年代流水账

铁打的营盘流水的兵，莫高窟就是那铁打的营盘，不管朝代如何更迭，它的营建从未停止。自石窟开凿之初的前秦算起，1000余年，莫高窟就执着于建窟这一件事，成为历史上营造时间最长的石窟。1000多年，只做一件事，是非常了不起的。

历史上先后统治过敦煌的朝代与政权有前凉、前秦、后凉、西凉、北凉、北魏、西魏、北周、隋、唐、吐蕃、五代、宋、西夏、元、明、清。这些朝代中，隋代建窟最频繁，统治38年(581—618)，建窟100余个，一年最少也要建3个;唐代建窟最多，有洞窟230余个，几乎占现存洞窟的一半，是莫高窟历史上建窟最多的朝代，也是现存洞窟最多的朝代。

石窟中有明确纪年的洞窟很多，如前面提到的最早的洞窟纪年第285窟的“大代大魏大统四年(538)”，其他的还有如第302窟开皇四年(584)纪年，第282窟大业九年(613)纪年，第220窟贞观十六年(642)纪年，第432窟贞观二十二年(648)纪年，第386窟上元

莫高窟第 220 窟重修甬道

二年（675）纪年，第 335 窟垂拱二年（686）、长安二年（702）纪年，第 41 窟开元十四年（726）纪年，第 185 窟天宝八载（749）纪年等不一而足。

另外，除了纪年，洞窟中的供养人身份也表明很多洞窟是敦煌世

莫高窟第 9 窟覆斗顶中心塔柱窟

莫高窟第 98 窟窟室内景

家大族的家庙，或地方长官、高僧大德的功德窟。如第 220 窟是翟家窟、第 321 窟是殷家窟、第 156 窟是张议潮功德窟、第 94 窟是张淮深功德窟、第 9 窟是索勋功德窟、第 98 窟是曹议金功德窟、第 100 窟是回鹘天公主功德窟、第 61 窟是曹元忠功德窟，第 454 窟是曹延恭功德窟，等等。

这些散落在石窟中各个角落的历史信息就像拼图里的一块块构件，构成了一部完整而清晰的敦煌石窟年代编年史，呈现了敦煌不同历史时期的社会史实和艺术风格的变迁。

最美的菩萨

——美人菩萨

在莫高窟中段的第 57 窟南壁中央绘有一幅规模不大的说法图，主尊佛陀端坐于双狮宝座之上，左右侍立二弟子、二菩萨，另有二力士守护两侧。图中人物虽已局部氧化，但构图紧凑、描绘精致。主尊左侧的观音菩萨，被称为“美人菩萨”，此窟也由此被称为美人窟。

观音菩萨头戴化佛冠，脸为蛋形，细眉长眼，鼻直唇小，额上、眼睑、两颊均施以淡染红晕，身着锦绣僧祇支短围，裸露前胸，腰系丽裙，身饰项链、璎珞、臂钏、手镯，裙挂流苏环佩，全身上下，衣饰绚丽，珠光宝气，辉煌耀眼。菩萨一手举颔下，一手下垂身后，赤足踩大莲花，腰身略成“S”形，头部微斜，神态略显沉思，体态婀娜，表情传神，犹如一身唐代美妇，秀美恬静。

这身菩萨体现了一种特殊的东方美，迎合了中国的传统审美。在千年前，这种菩萨的画法不仅传到了长安以西 2000 多千米的敦煌，也传到了长安以东 2000 多千米的奈良。在日本古老的城市奈良有一处著名的古刹——法隆寺，它是世界上现存最早的古代木结构建筑群。

莫高窟第 57 窟南壁美人菩萨

这里不仅保留着完整的日本飞鸟时代的建筑样式，在这座寺院的金堂之内还存有多幅同时期的壁画。遗憾的是，20 世纪 40 年代末，由于火灾的原因，壁画惨遭破坏(后复原)。而其中的 6 号壁画就与莫高窟第 57 窟的菩萨像极为相似，两处壁画中的作品无论从肌肤的色彩、线条，还是衣纹、璎珞都如出一辙。长安东西 2000 多千米外的相同形态的菩萨用同样的绚丽书写着大唐时代的荣光，表明了唐代佛教的繁荣昌盛。

这身菩萨频繁地出现在各种出版物和画册中，声名远扬，成为莫高窟最美的菩萨。

法隆寺壁画

最美的千手千眼观音

《西游记》作为中国的四大名著家喻户晓，电视剧更是妇孺皆知，很多人对观音的最初认识就来源于《西游记》。观音端庄慈祥，手持净瓶杨柳，一次次救唐僧师徒于危难之际。

观音曾经发愿，任何人在遇到任何灾难之时，只要一心虔诚念诵观音名号，就能得到救度，即“观其音声，皆得解脱”。因此，观音菩萨又名为“观世音菩萨”。

观音菩萨与文殊菩萨、普贤菩萨、地藏菩萨一起，被称为四大菩萨。观音菩萨在佛教诸菩萨中，位居菩萨之首，她在娑婆人间救苦救难的品格，使其成为慈悲的化身。“家家阿弥陀、户户观世音。”她是我国百姓最崇奉的菩萨，拥有的信徒最多、影响最大。

很多人来敦煌参观都会问一个问题：“菩萨到底是男的还是女的？”其实菩萨为无极之体，早已没有皮囊色身和男女之相的执着，只是艺术家根据自己的理解和老百姓的喜好赋予了菩萨女性化的特点。观音可以是女性，也可以是男性，观音可以跟世俗人物长相一样，也可以多头多臂，超越世俗的审美。特别是随着密教的发展，多头多臂形象日益普及，菩萨的形象也变得多样化，有不空羂索观音、如意轮观音、千手千眼观音、千手千钵观音等各种多头多臂的观音造型。

多头多臂，对大多数人来讲那是怪物的形象，这就是为什么即便我们喜欢三头六臂的孙悟空和哪吒，多数时候他们还是以正常人的姿态示人的原因。所以古人在绘制这些多头多臂观音的时候，既想表达观音“千眼照见，千手护持”的招数，又想尽量“养眼”，不让人产生她为怪物的想法，这就煞费苦心。

事实证明，他们的努力是值得的，敦煌石窟出现的多头多臂观音有上百幅，幅幅自然，就拿头臂最多的千手观音来说，洞窟中多达 40

莫高窟第 148 窟东壁门上千手观音

榆林窟第 3 窟正壁五十三面千手观音

莫高窟第 3 窟北壁千手观音

余幅，从盛唐到元代，皆有绘制。其中最早的千手观音出现于盛唐第 148 窟，手臂最多最复杂的观音在榆林窟第 3 窟，而颜值担当的 1 尊千手观音绘制在莫高窟第 3 窟。

第 3 窟是莫高窟唯一现存以观音为主题的洞窟。北壁绘制的就是前面说的颜值担当——十一面千手千眼观音。此尊观音姿态优雅，意境完美。观音共十一面，在正面耳廓后各有两面，头顶发髻上排列五小面，中间较大的是一恶面，恶面上面是一佛面，与两只大手高举的化佛配合在一起，好似一座尖形小塔，均衡完美，其十一面均是三眼。其二十臂四十大手用细铁线描，臂臂都出自观音身上，排列得十分巧妙自然。其小千手，每手一眼，巧妙组合成圆形法光，看上去像莲瓣编成的大花环，又像发出万道光芒的一轮红日，观音好似站立在花环和红日之中。整个画面设色清淡，简朴典雅，分外玄妙怡人。其绘画技法也极为精熟，灵活运用了铁线描、折芦描、游丝描、丁头鼠尾描等线描技法，准确地描绘出了人物衣饰不同部位的特色纹理，使画面情态逼真悦目，流畅细腻，意蕴无穷。

最美的供养菩萨

佛教有3种供养，分别为财供养（鲜花、香火、灯明、饮食、资财）、法供养（礼敬、朝拜、赞美、歌颂）和行供养（敬奉三宝、受持戒律、修行善法）。供养菩萨，实际上是佛陀在讲经说法之时，提供现场服务或营造气氛的菩萨，有点类似“司仪”的感觉。

他们常常被绘制在佛座下面或胁侍菩萨、佛弟子的两边，没有规定的法相、位置和手印，可以自由穿梭在佛讲经说法的会场。根据各自服务项目的不同，姿态也各异，有站，有坐，有蹲，有跪，有跳，有舞，变化万千，形象众多，如奏乐菩萨、歌舞菩萨、献花菩萨、敬香菩萨、燃灯菩萨、跪拜菩萨、持经菩萨、赴会菩萨、听法菩萨等都可以说是供养菩萨。

莫高窟讲经说法场景众多，供养菩萨的数量和种类也众多，但公认为最美的供养菩萨是位于第401窟北壁龛下的供养菩萨。

这身菩萨像的面部虽已变色和剥蚀，但仍然可见其圆润健康的面容，还有她身姿卓绝的体态。她神情恬淡潇洒，头微倾，戴宝冠，长

莫高窟第 401 窟北壁下部供养菩萨

发垂肩，身姿微呈“S”形，斜挎天衣，手持玻璃盘，足踏莲花，巾带飞扬，好像飘飘荡荡地飞行在天花乱坠的佛境。与其他供养菩萨异常虔诚的表现不同，这身供养菩萨优雅自然的神态透着自信独立、不卑不亢、坚毅笃定，仿佛向世人宣告着佛国世界的平等和自由。

最美的舞姿——反弹琵琶

在没有照相机的年代，生活中任何定格的瞬间都需要人们提笔来记录。敦煌石窟有5万多平方米的壁画，它生动地记录了古代社会生活的各种场景，静态的、动态的、个人的、集体的、有声的、无声的……

舞蹈是其中最优美的时空艺术，古代的舞蹈姿势，如果仅仅靠文字的记录，也许我们永远也无法领略舞蹈的精髓，也无法欣赏到其翩若惊鸿、宛若游龙的美。敦煌石窟壁画中有音乐舞蹈题材的洞窟达200多个，绘有众多乐队、乐伎及乐器，据统计不同类型的乐队有500多组，吹、打、拉、弹等各类乐器40余种，共4500多件。其中的舞蹈形象也是千姿百态，堪称舞蹈艺术的博物馆，保存了无数高超的舞蹈技巧和完美的舞蹈艺术形象，表现了各时代舞蹈发展的面貌及其发展历程。

反弹琵琶是敦煌艺术中最优美的舞姿。中国人似乎对于琵琶有种别样的情愫，琵琶在汉代从西域传入中原，至隋唐风靡一时。从某种

莫高窟第 85 窟《思益梵天请问经变》中的反弹琵琶

程度上说，琵琶是大唐的一个符号，盛世大唐的歌舞总离不开琵琶伴奏，有关琵琶的诗词很多，“大弦嘈嘈如急雨，小弦切切如私语。嘈嘈切切错杂弹，大珠小珠落玉盘”。白居易的《琵琶行》可谓脍炙人口，耳熟能详，江南阴雨中，舞榭歌台上，“犹抱琵琶半遮面”的美若天仙的女子形象也深入人心。而在敦煌壁画中，作为乐器的琵琶出现了 600 多次，而手持琵琶、边弹边舞的绘画也有数十幅，这些造型中有怀抱竖弹，有挥臂横弹，有昂首斜弹，还有反背倒弹的各种姿态。尤其是反背倒弹，更是精美绝伦，独具匠心。

第 112 窟就是反弹琵琶的代表作。

莫高窟第 112 窟南壁《西方净土变》中的反弹琵琶

这身反弹琵琶像神态悠闲雍容、落落大方，造型丰腴饱满。上身赤裸，下身着“灯笼裤”，两边长绸翻卷，翩翩飞舞，天衣裙裾如游龙惊凤，摇曳生姿，项饰臂钏，在飞动中叮当作响，别具清韵。她单腿站立，屈身向右，右腿上提，扭胯勾脚，举起琵琶反背在身后，和着激动人心的乐曲声，跳着欢快的舞蹈，展现出天女的纤纤神韵。两旁的乐伎，分别弹奏琵琶、阮咸、箜篌、鸡娄鼓、横笛、拍板等，通过舞乐表现了西方净土世界的歌舞升平和欢乐气氛。

琵琶在背后拨弹，连弹带舞，有极大的难度，也许是舞者兴奋投入间摆的一个造型也未可知，但画师捕捉到了这一瞬间，把舞者高超的弹奏技艺和绝妙的舞蹈本领绘制了出来。这美妙的舞姿成为大唐文化在历史上永恒的符号，穿越千年的历史长河，在今日仍熠熠生辉。

最自由的精灵——飞天

敦煌壁画中，谁的知名度最高？

敦煌壁画中，谁最自由飘逸？

答案恐怕非“飞天”莫属。

飞天是敦煌壁画的名片，虽然他们不在中心位置，但却负责在佛国净土世界献花供宝、奏乐歌舞，是佛讲经说法时的“氛围担当”。他们没有翅膀，也没有羽翼，仅凭借飘曳的衣裙、飞舞的彩带，便形成翻飞于云霞、畅游于天空的意境。他们时而栖身于楼阁，时而飞翔于云霄；有的手捧鲜花，笑靥如花，有的仰首挥臂，腾空舞动；那些迎风摆动的衣袂、翻卷的彩带使洞窟增加了灵气、增添了律动。

据统计，莫高窟 492 个洞窟中，有 270 多个洞窟画有飞天，飞天总量在 4500 余身，位列世界第一。色彩纷呈、形态各异的飞天令人眼花缭乱。敦煌艺术是最具有创新性的艺术，绵延 1000 多年的营建，我们找不到任何完全相同的两个洞窟，找不到任何完全相同的形象，不同的时代有不同的风格，相同的时代也有各自不同的特点，飞天形象的发展是随着时间逐步发生演变的。

早期的飞天较多地继承了印度佛教艺术的样式，保留着西域健硕型飞天的特点，身材粗短，姿势略显僵硬，袒衣裸胸，肩披大巾，直鼻大眼。其颜料中可能混合的铅丹比较多，所以大部分裸露在外面的肌肤颜色因为氧化都已经变黑，这更显示出早期飞天浓郁的异域风情。

莫高窟第 249 窟说法图中两种风格融合的飞天

发展到西魏、北周时期，随着佛教的逐渐传播，佛教文化和艺术逐渐与中原文化和艺术碰撞融合，飞天形象具有的中原文化的特征明显增强。受中原道教飞仙和神仙思想以及形象的影响，飞天身材逐渐变得修长，秀骨清像，身穿宽袍大袖，开始变得飘逸和悬浮起来，莫高窟第 285 窟还大胆地绘制了裸体飞天。

隋唐时期是莫高窟壁画中出现飞天最多的时期，也是飞天艺术表现力和张力最鼎盛的时期。飞天千姿百态，他们可以是苗条纤细的，给人一种轻盈之感；也可以是丰腴肥臀的，给人以婀娜之美；可以单独

莫高窟第 285 窟裸体飞天

出现，也可以以乐队的仗势出现；可以升腾、翻转、伸屈、俯冲，也可以静若处子，各司其位地吹拉弹唱。总的来说，飞天灵动多变，多呈现出“S”形舞姿，其轻柔的躯体内仿佛还有血液在潜流，加上画工对线条把握的熟练程度，衣裙飘带“满壁风动”的走势，正是应了“气韵生动”一说。第 130 窟还绘制了莫高窟最大的飞天，有 5 身，每身长达两米左右，他们面容秀丽，身材修长，横体平飞，身姿舒展，背上云带飞卷，胸下流云飘旋，悠然自若。莫高窟第 329 窟东壁有一身游泳飞天，她两臂前伸，头夹于两臂之间，一腿直伸，一腿回缩，赤足

莫高窟第 329 窟西壁龛顶飞天

莫高窟第 329 窟西壁龛顶飞天

莫高窟第 329 窟东壁门上游泳飞天

着裙，作俯冲状，活似游泳运动员一声号令、跳入泳池的姿态。飞天周边卷起的云朵恰似激起的水花，画师发挥了极大的想象力和创造力，将生活的场景与佛国世界的飞天相结合，赋予了飞天人的特性，拉近了佛国世界与现实生活的距离。第 217 窟有一身最灵活的飞天，飞天刚从楼阁中穿过，其飘动的衣裙后部还穿梭在两个建筑之间，建筑间的狭窄空隙让人惊心动魄，为飞天捏一把汗，但飞天却双手自然舒展，面露喜色，全然没有畏惧和惊吓之色，可见他身姿的灵活和迅捷。第 148 窟有莫高窟最多臂的飞天，飞天肩生六臂，演奏着乐器从空中飘然而至，前臂弹琵琶，后两臂上举持铙，中间一手摇铎，一手奏横笛，姿态生动。

莫高窟第 217 窟北壁飞天

莫高窟第 148 窟南壁龛内六臂飞天

五代以后，飞天艺术虽逐渐走向衰萎，但其艺术水平和风格仍各不相同、各具特色。特别是出现在回鹘时期的飞天更是风采动人，应该是莫高窟最时髦的飞天。他们不是体态轻盈的“神仙姐姐”，不是珠光宝气的“贵妃娘娘”，而是面部肉嘟嘟，体态丰润、臀部丰满、腿部粗壮，活脱脱美妇人的形象。他们还有独特的衣着审美，一改前朝飞天头戴宝冠、梳高髻、衣袖飘飘、凌空飞舞的形象。莫高窟第 97 窟的这身飞天为秃发，仅留了两撮前帘和两绺鬓角，头顶似清代满族的“旗头”，身着时髦的吊带虎皮裙，脚蹬红色半靴，一手托花盘，一手散花，飘带翻飞，腾云而下，强烈的自信感跃然于壁上。

莫高窟第 97 窟西壁龛内飞天

从艺术形象来说，飞天的来源虽在印度，但在中国，飞天得到了极大限度的创新。他们是印度文化、西域文化、中原文化共同孕育而成的，经过艺术的融合、创造和演变，成为具有中国文化特色与风格的形象——不长翅膀不生羽毛、头后不带圆光、借助彩云不依靠彩云，主要凭借飘拽的衣裙和飞舞的彩带凌空翱翔的飞天。总之，飞天的美是变化多端的，也是永恒的，他们是从优美的心灵中绽开的花朵，是生命活力和旋律的无声赞歌，是人类自身审美和生活情趣的折射。

最有趣的藻井图案——三兔藻井

古代建筑中的藻井，在中国人看来，那不单单是一个天花板，更像是日夜以对的苍穹，能纳日月星河。中国古代建筑多为木结构，防火是第一要紧的事，所以必须得有水。水能克火，而井中有水，古人就发挥想象力，把井搬上了天花板，连带水中的莲花、水草和动物。藻井凝聚了巧夺天工的匠心，寄托着欲与天知的祈愿。

敦煌石窟中几乎每个洞窟都有藻井，虽形态各异，异彩纷呈，但图案的来源、发展脉络基本清晰。唯有三兔藻井，它像天崩地裂后，横空出世的“猴子”，突然就跃上隋代石窟的顶部。敦煌石窟中的三兔藻井图案并不多，最早的见于隋代第 407 窟，最晚的在晚唐第 231 窟，共有 18 幅。

第 407 窟的藻井是隋代最具代表性的藻井之一，在象征天空的蓝色方井中央，绘有一朵黑红相衬，双层仰着开的八瓣大朵莲花。花瓣重叠厚重，莲花周围以蓝色为底衬，蓝底色上画 8 身飞天绕花飞翔。飞天姿态各异，有的手持莲花，有的手托花盘，有的手捧香炉，体态

莫高窟第 407 窟正壁及窟顶三兔藻井

莫高窟第406窟窟顶三兔藻井

轻盈洒脱。井心四周是多层菱格莲花纹，三角形垂幔纹边饰，4层莲花中心画了3只追逐奔跑的兔子。由于画师丰富的想象力，使3只兔子只有3只耳朵，巧妙地代替了应有的6只耳朵。三兔共耳，向同一个方向奔跑着，彼此追随着，却又永远追不到对方。无论从哪个角度看，1只兔子都有两只耳朵，3只耳朵组成等边三角形，表现了三兔活跃奔跑时的神态。莲心中奔跑的兔子和莲心外飞翔的飞天，与飘旋的天花方向一致，仿佛连静止的莲花也在旋转。整个藻井结构严谨，纹样新颖，造型生动，色彩华丽，显示了作者丰富的想象力和卓越的绘画才能，堪称“藻井之首”。

三兔纹可作为独立纹样，是古代艺术家为了适应莲花花心而精心设计的，匠心独具，笔法简练，旋转的三兔和飞天强化了藻井中心莲花永不休止的旋动感。

莫高窟第 407 窟窟顶三兔藻井

但三兔纹是一种新纹样，研究人员找不到它的源头，它出现在佛教、伊斯兰教、基督教等各个宗教中，出现在欧洲中世纪的教堂中，蒙古游牧民族的器皿上，埃及人的瓷器上，它是怎样跨越时空，到处“落户”的呢？它又是从哪里来，沿着怎样的传播路线？有的说来源于中原，是受战国以来的三兽纹、三鱼纹、三雁纹等相似的中国本土原创图案的影响，但是纵观中国工艺美术史和中国图案画史，除莫高窟外，未发现三兔共耳之图案。有的说它来自西方，受萨珊文化的影响，但是整个西域广大地区，找不到比隋代更早的三兔图案。我们找不到它传播的脉络，而它却在12至16世纪的西亚以及欧洲广泛流行，同时在中国竟销声匿迹。

而三只兔子的寓意是什么呢，它代表前世、今生和未来，还是与中国的星象月神崇拜有关？

三兔藻井图案成为莫高窟藻井中的经典，也成为一个永远解不开的谜。

丝绸之路开通最重要的图像志——《张骞出使西域图》

莫高窟第 323 窟南北两壁上部描绘了 8 幅佛教史迹画。所谓佛教史迹画，就是有关佛教发展历史的图画，从汉代“张骞出使西域”，到隋代“昙延法师故事”，壁画用卷轴画的手法描述了唐朝以前的佛教历史，其中反映佛教历史最早的 1 幅就是《张骞出使西域图》。

这是一个引人入胜的故事，是一个彻头彻尾的佛教传说。

此幅作品呈凹字形排列，讲述的是汉武帝元狩年间，大将军霍去病征讨匈奴时曾缴获两身祭天金人像。汉武帝视金人像为大神，将其供奉于甘泉宫内，每日烧香礼拜。图片右上角展示的就是汉武帝率领文武百官祭拜的场景。但令汉武帝苦恼的是，他虽每日祭拜但却不知所祭拜金人的名号，于是他派张骞出使大夏国，询问金人名号。画面中间绘制的就是张骞拜别的情景。张骞一行经过长途跋涉，西行至大夏国，画面左上方可以看到有异域风情的建筑，得知金人名号是佛。于是归国后，张骞告诉汉武帝，在大夏国附近，有一个叫印度的国家，那里有佛像，从此，中国始闻有佛陀之教。

莫高窟第 323 窟北壁《张骞出使西域图》

我们知道张骞是为丝绸之路开通做出贡献最大的人，霍去病缴获匈奴祭天金人以及张骞出使西域都是史实，但是张骞出使西域的真正目的是联络大月氏等共同进攻匈奴，与询问金人名号和佛教的东传无关。这些虚构的内容，显然是利用张骞出使西域的故事将佛教传入中国的时间提前，同时又含蓄地指出佛教在传入中国之初就得到了帝王的高度重视，这样就抬高了佛教与道教竞争的地位。

尽管有着对历史细节的篡改，但《张骞出使西域图》仍真实地反映了张骞出使西域、开辟丝绸之路的伟大历史功绩，成为研究古代中西文化交流史的珍贵形象资料。

最真实的丝路
——商队图

丝绸之路是人类文明最耀眼的舞台之一，是人类互动的鲜活例证，但是在这条充满神奇色彩和无数诱惑的道路上，无论东去长安，还是

西去罗马，都要经历无数的艰辛。强盗的抢劫、风沙的肆虐、寒暑疾病、孤独思乡，这些对丝路上的人来说都是严峻的考验，敦煌壁画也用丝路商队图展示了最真实的丝路情景。

莫高窟第420窟丝路商队画面的右端有商人在出发前跪地祈求平安，之后商队启程，赶着满载货物的骆驼、毛驴翻山越岭，长途跋涉。道路长且阻，我们可以看到画面中有一峰骆驼失足滚下山崖后，脚夫们俯瞰深谷、惊恐万状的神态。好不容易赶着毛驴连滚带爬地翻过高山，又路遇强盗，商人执弓箭盾牌与强盗对抗，但仍不敌而被擒。而后商人口诵观音名号，于是强盗放下兵器，双手合十肃立，贼难才得以解脱。此幅画面是《法华经变·观音普门品》情节之一，意在说明众生遇到苦难时，只要口念观音名号，即可获得观音助力。画师充分发挥创造力，

莫高窟第420窟窟顶丝路商队图

用一组生动的连环情节真实地表现了丝路古道上的艰难情景。

相同的内容还体现在莫高窟第 45 窟的丝路商队图中。画面中商人们正跋涉在山间，突然出来两名持刀强盗，商人们面露恐惧，有的往后躲，有的瑟瑟发抖，有的双手举起作投降状，连后面的毛驴都紧张地竖起耳朵，强盗的蛮横和商人们的战战兢兢刻画得异常生动。

莫高窟第 61 窟西壁丝路商队图中的商旅行人体现了丝路的繁忙。画面分上中下 3 层，立体地展示了山间远、中、近 3 条线路上丝路行人的活动。路上有艰难爬坡的；有一前一后两人赶驴下山，后一人拽住驴尾的；有扛旗的旗手和护卫的弓箭手，有骑马的官员，有狠命赶着驮马上山的脚夫，有盘坐休息者，有结伴背负财物上山者，还有执行囊

莫高窟第 45 窟南壁丝路商队图

莫高窟第 61 窟西壁丝路商队图

者，等等。画面右上角有店铺，一人卧在屋旁，一行商背负财物向店铺走来，一旁有牲口在吃草料。右下角是石岭关镇的衙府，府前数人在办理有关进出手续。

通过这些画面我们也可以看到在古道丝绸之路上，当时的交通运输工具有骆驼、毛驴和马。乘骑驮运是最早出现的运输形式，是车辆出现之前的陆上主要交通工具。马作为运输工具在中国起源较早，新石器时代就开始驯养马，到商代已用马拉运货物。骆驼是沙漠上独特的有运送能力的牲畜，商汤时代传入中原，最初只作为贡品供王族赏玩，后来也成为运载工具。南北朝时期，大量的毛驴从西北输入，渐渐广泛地用于乘骑和运输货物。即使车辆出现之后，在很长的时间内，

莫高窟第 9 窟南壁四胎六角椅轿

驮运和乘骑仍用于长途运输，而车辆只用于短距离运输。我国古代的交通工具，总的说来，可分为畜力和人力两大类：畜力交通工具有骡车、牛车、驴车、羊车、驴、骆驼、马、大象等，人力交通工具有船、人力车、轿、扛肩等，这些在敦煌壁画中都有体现。

除此之外，敦煌壁画中还有很多舟船的图像资料。在浩如烟海的中国古代文献中，有关舟船制造和使用的记载虽十分丰富，但留存下来的实物资料却凤毛麟角，极为罕见。相比之下，敦煌壁画中的舟船形象则比较生动具体地展示了中国古代舟船的种类，特别是隋唐时期交通工具的制造和使用情况，我们从中可以窥探中国古代交通工具的历史。

莫高窟第 55 窟南壁穹庐船

莫高窟第 323 窟佛教史迹画之纤夫拉船

最大的壁画

——《五台山图》

五台山属太行山山脉的一支，位于今山西省东北部的五台和繁峙两县境内，与普陀山、峨眉山、九华山并称佛教四大名山。

据史书记载，北齐时五台山佛教兴盛，山中已有两百座伽蓝；到唐

代，供奉文殊菩萨的清凉山被等同于五台山，从此五台山成为文殊菩萨的道场。有京城来的会昌寺沙门会赜和画师张公荣等人游览五台山，幸遇五台山神异化现的各种祥瑞，便绘制了《五台山图》与小样等传至皇帝手中，此后五台山信仰得到官方认可，《五台山图》也流传开来。

中唐吐蕃统治敦煌时期的 824 年，吐蕃王室派遣使者向唐王朝求得《五台山图》，于是《五台山图》传入河西，在艺术风靡的敦煌，自然也会绘制这一新鲜题材。莫高窟现存最早的《五台山图》出现在开成年间（836—840）的第 159 窟、第 361 窟。也就是吐蕃求得《五台山图》的十余年后，《五台山图》在莫高窟不断地得以流行。总结起来主要有两种表现形式：一种以小幅屏风画的形式出现，另外一种就是内容丰富的通壁巨构，即第 61 窟中的《五台山图》。

第 61 窟《五台山图》长 13.45 米，高 3.42 米，面积约 46 平方米，

莫高窟第 61 窟西壁《五台山图》

是莫高窟最大的一幅壁画。五台山不仅是一座巍峨敦厚、五峰耸立、万山层叠、河流潺潺、风景秀丽的名山胜境，而且又是一处寺庙林立、宝塔穿云、灵迹点点、僧尼众多、香烟缭绕、经声不断的佛教圣地。

因此，画师们在描绘《五台山图》时紧紧抓住了这两个特点。首先，以五台山的中台顶及其大华严寺为中轴线，将南台、西台及其间寺庙塔林安排在右边，将东台、北台及其间寺庙塔林安排在左边。这就形成了一个以中台为中心左右对称的平衡格局，画面主次明了。其次，以鸟瞰的视角，运用远景与近景、整体与局部、重点与一般、虚幻与实写等相结合的手法，成功地描绘了从山西太原经五台山至河北镇州（今河北省正定县）400余千米范围内的山川形势，其中还画出了

《五台山图》（局部）

《五台山图》（局部）

大大小小的村庄城镇、寺庵殿塔等200余处建筑。其间有高僧说法、信徒巡礼、著名史迹和各种各样的灵异瑞相等，是一幅五台山全貌鸟瞰图。

据谢生保、凌云在《敦煌艺术之最》一书中统计，《五台山图》中有寺院、庐庵、兰若、凉亭、城池、房宇等建筑199处，桥梁13座，佛、菩萨画像20身，僧俗人物428人，乘骑驼马48匹，运驼13峰。清晰可辨的榜题按195条计，其中灵异瑞相46条，寺庵兰若85条，宝塔15条，地名32条，巡礼送供者12条，其他5条。由此可见，第61窟《五台山图》的规模之宏大、构思之精密、内容之丰富、布局之恰当。它是一幅翔实细致的历史地理图、佛教史迹图和美丽的山水人物画，为佛教史、社会史、交通史、地理史和古代建筑史等研究提供了极其丰富珍贵的形象资料。

难能可贵的是，1937年6月26日，梁思成和林徽因根据敦煌第61窟的《五台山图》，按图索骥，在山西五台山豆村发现了中国仅存的唐代木结构建筑——大佛光寺，梁思成称其为“国内古建筑之第一瑰宝”。这一重大发现一方面打破了日本学者“在中国大地上没有唐朝及其以前的木结构建筑”的断言，另一方面更充分地证实了第61窟《五台山图》的史料价值和应用价值。《五台山图》并不是古代艺术家们的异想天开，它是对山西、河北周边地理风貌、山川地形的忠实记录。

最早的婴儿车

佛教在中国化的过程中，不断与传统的伦理观念相融合，形成了具有中国特色的佛教伦理观念，其中最重要的，就是“孝道”思想。《父母恩重经》就细致地描绘了孩子从出生到长大成人的历程，体现了父母养育的艰辛。与此相对应，敦煌石窟壁画中也出现了依《父母恩重经》而绘制的《父母恩重经变》。

其中，第156窟前室东壁门北壁画中，出现了一个现代化婴儿车的造型：画面中，一位母亲手推四轮童车，一婴儿安卧于车中，两条安全带拦过车身，以防止婴儿不慎爬出车外。画面中的童车，造型与我们现代生活中的童车极为相似。看到它，我们大概会产生时空穿越的错乱感，这个童车跟我们现在使用的婴儿车太像了。

这种儿童车，在唐代被称为“栏车”。甘肃省博物馆所藏绢画《报父母恩重经变》中，有两幅在童车旁边的榜题，分别为“父母养育卧在栏车时”“或在栏车摇头弄脑时”。榜题中明确写明为“栏车”，可见是当时通用的名称。在莫高窟第449窟东壁门北、第170窟北壁的

莫高窟第 156 窟前室东壁门北壁画中的婴儿车

《父母恩重经变》中，我们也看到了类似的“栏车”。栏车相拥，是古代儿童幼年生活的一个真实细节。

壁画虽然本意是强调父母养育子女的艰辛，却也使我们增长了知识:唐宋时期，睿智的先人就已经发明并且普及了婴儿车。

最早的出行图

古代出行，特别是皇帝的出行，包括地方官的出行，都是一个很重大的活动，不是想逛就逛的，要根据各种礼仪，配置各种仪仗队方可出行。史书中的卤簿，就是专门记录出行的。

在敦煌，没有专门的史料记载最高长官的出行，但敦煌石窟的壁画中留存下来了地方长官出行的宏大场面。前文已经介绍，敦煌石窟保存比较完好的出行图有 4 幅，分别是莫高窟第 156 窟的《张议潮统军出行图》和《宋国河内郡夫人宋氏出行图》，莫高窟第 100 窟的《曹议金出行图》和《曹议金夫人回鹘公主出行图》。另外，第 94 窟还有《张淮深夫妇出行图》，榆林窟第 12 窟还有《慕容归盈夫妇出行图》两幅。其中最早的出行图是《张议潮统军出行图》。

《张议潮统军出行图》即皇帝敕封张议潮为节度使后其统军出行的写照。这幅画是一幅很大很长的长卷式构图，分为前中后 3 段：

前段，主要是仪仗队。上下首先画 8 名骑士，前 4 身击大鼓，后 4 身吹号角，紧接着有 10 名全身穿盔甲骑马的持戟将士，随后是营伎

分列两边；舞者乐队居中，舞伎8人，分列两行，分别着汉装和吐蕃装，挥袖起舞，统一和谐；乐队12人，演奏琵琶、箜篌、箫笛、腰鼓、大鼓。其后是两名骑士执旌节，表明节度使身份。桥头则有两排持刀卫士，戴缬花帽，穿衩衣、白袴、乌靴，腋下持陌刀，标题“银刀官”，大概是唐朝的行军仪仗队。

中后段，张议潮骑着高头大马，着圆领红袍，系革带，戴幞头，骑一马，体形较大，后面的亲属卫队紧随，最后射猎、驮运部分有20余骑。

总体看来，这幅画人物众多，结构繁复，多达百余人被安排得虚

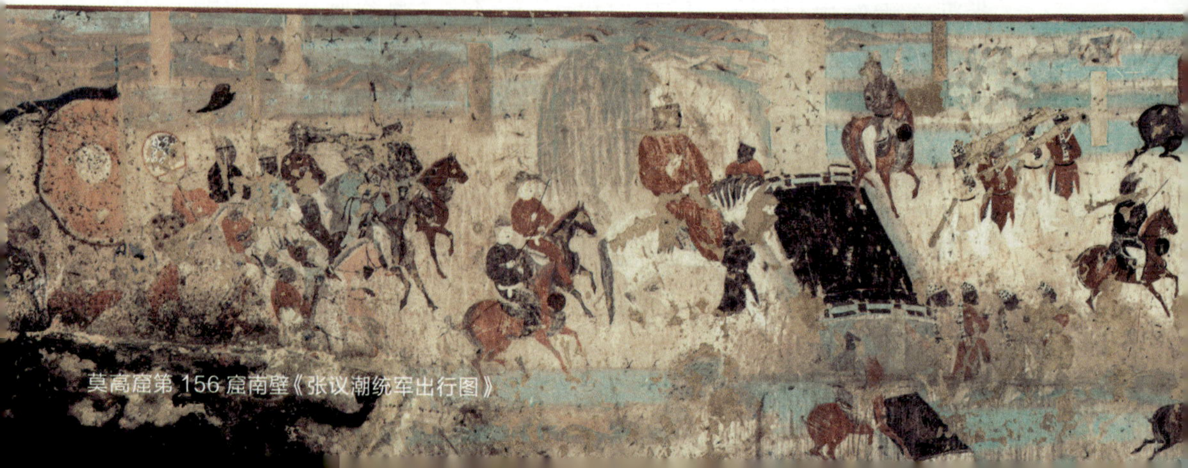

莫高窟第156窟南壁《张议潮统军出行图》

《张议潮统军出行图》局部

实得当，秩序井然，充分表现了张议潮统军出行抗击吐蕃，收复河西的雄壮气势。且从出行队伍可以看到唐代军队的仪卫制度和多民族杂居的河西地区军旅的特点，它形象地展示了一个地方政权的力量和我国古代民族政权之间的关系。

最完整的婚俗

敦煌石窟共绘制有46幅婚礼图，其内容来源于《弥勒下生经变》，年代从唐至宋。由于佛经中并未详细描述弥勒世界男女婚嫁时是何场面，画匠们只能依照当时当地的传统风俗去绘制壁画中的佛国婚嫁场

莫高窟第445窟北壁婚礼图

莫高窟第 12 窟南壁婚礼图

景，将宗教色彩的神秘感与人间世俗的婚礼再现完美地结合了起来。因此，敦煌壁画中内容丰富、人物众多的婚礼图，是古代敦煌地区民俗风情的真实写照，是研究唐宋时期敦煌地区嫁娶习俗、礼制和民间服饰的宝贵资料，也是古代西北地区与中原地区民俗礼仪、婚嫁制度比较研究的珍贵资料，同时也可以反映出当时少数民族与汉族混居生活的社会状态，具有相当重要的研究价值。

从壁画中的婚礼场面可以看出，唐宋时期的婚嫁习俗的主要步骤依次是:男方迎亲、乐舞表演、新人拜堂、奠雁仪式、青庐为结。这些跟我们现代的婚俗的实际内容都很像，有些画面中还表现了少数民族的婚俗，如男跪女揖等。

奠雁仪式是指把预先准备好的大雁放生，据说大雁是候鸟，逐寒暑、不失时、不失节，用来比喻男女坚贞不渝、从一而终。大雁又排列有序，借以象征家庭美满、婆媳和睦，现已经改为拜天地。青庐是古代少数民族民众搭建的一种帐篷，多为穹庐顶，因为搭建时需要用上百根枝干，汉族民众赋予其一个吉祥的名字叫“百子帐”，取“百枝杖”的谐音。青庐其实就是举行新婚夫妇同牢合卺之礼的地方，汉族和少数民族中都曾使用，多数还是在房屋中举行。

婚礼的情节在画面中表现得比较多，而结婚之前的迎亲，画面中则表现得较少，在敦煌壁画中仅有1幅。

现代婚礼多数是在中午举办，但古代却是在晚上举行的，所以叫“结婚”，“婚”原来是指黄昏。因为古人在黄昏迎亲，男为阳、女为阴，夜又代表阴，有“阳往而阴来”之意。汉代郑玄注《仪礼》中就说:“士娶妻之礼，以昏为期，因而名焉。”

《仪礼·士昏礼》中还提道:“乘墨车，从车二乘，执烛前马。妇车亦如之。”是指新郎前往迎娶新娘时要“执烛前马”，要执烛照路。这个画面出现在莫高窟第85窟的《弥勒经变》中，有些学者则更直观地将这幅画面称之为“火把迎亲”。

莫高窟第 85 窟窟顶迎亲图

迎亲礼开始前，男方要先接亲，因天黑，接亲队伍由侍者举火把带领，即“执烛前马”。其余迎亲人皆骑高头大马，披红挂彩，向新娘家进发。“执烛前马”习俗既是为了夜间行路之需要，也使得接亲场面更加热闹和喜庆，因而得以延续。

再来看一段文献记载，出自钱易《南部新书》:“太平公主之出降薛绍也，燎炬烈焰，槐树多死。永隆二年(681)七月也。”可以想象这场婚礼的场面要大到何种程度，才能“燎炬烈焰”，以至于“槐树多死”。

敦煌壁画中的“执烛前马”画面仅此 1 例，十分珍贵。

最早的星图和最全的十二星座壁画

已经好久没有抬头仰望星空了。

可能在很多地方，即使抬头，城市里的灯光也使得我们看不到几颗星星，更别说认识银河系的行星了。

而在古代，自有女娲补天、嫦娥奔月的传说，就显示古人对星空的仰望和幻想。中国历代君主皆“受命于天”，自秦汉以来，各朝代还设专人夜观星象。事实上，早在西周时期，中国就形成了自己的星座体系。

我国发现有世界上最早的 1 幅古星图，绘制于唐中宗时期（705—710），可惜被斯坦因掠到英国，现藏在大英博物馆，编号是 S.3326。卷中绘十二时角星图各 1 幅，北极区星图 1 幅，云气图 25 幅，附占文。星图后还画有一电神，这幅图完整地展示了 8 世纪天空中 1339 颗行星的分布，是天文学史上蔚为壮观的古星图。它对早期天空如此详尽的观测令人啧啧称奇。

而星座的概念最早可追寻到古巴比伦文明，现存最古老的记录是出

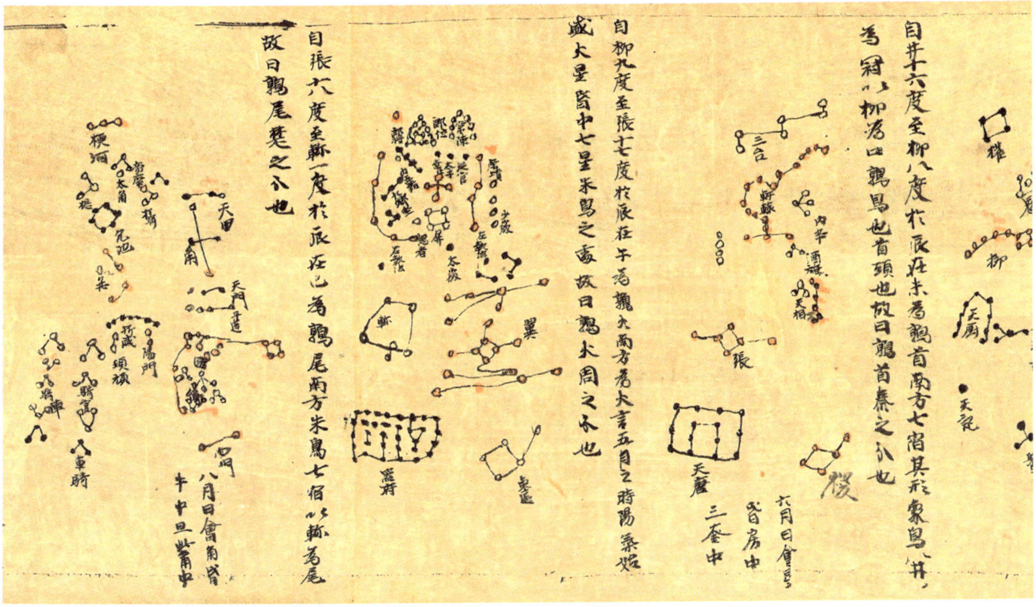

全天星图

土的一块古巴比伦王国时期的金星泥板，写成于公元前 17 世纪中叶。泥板上用楔形文字详细地记录了对金星的晨出和夕没的观测，整整记了 21 年。在此基础上，随后有了黄道十二宫及符号系统的使用。

黄道十二宫的概念是随着佛教的传入而进入中国本土的，从目前发现的文物看，三国时期已经对星座有所认识。在青铜镜的纹饰上，有宝瓶、螃蟹，和南斗六星结合在一起，说明当时已经对十二星座有所认识，可能尚未全面普及。隋代有位僧人叫耶连提耶舍，他翻译了《大乘大方等日藏经》，在经文里就有这么一段话：

> 是八月时，蝎神主当……是九月时，射神主当……是十月时，磨竭之神主当其月……是十一月，水器之神主当其

月……是十二月，天鱼之神主当其月……是正月时，持羊之神主当其月……是二月时，持牛之神主当其月……是三月时，双鸟之神主当其月……是四月时，蟹神主当其月……此五月时，师（狮）子之神主当其月……此六月时，天女之神主当其月……是七月时，秤量之神主当其月……

这大概是十二星座在中国的第一个翻译版本，也是对十二星座第一次全面的介绍。自此十二星座的图案开始流行，绘制在绢画陀罗尼经咒中，多与炽盛光佛同时出现。宋代时，随着星座知识的普及，星座和命运之间的关联也被普通民众所接受。

莫高窟第 61 窟甬道南壁炽盛光佛

莫高窟第 61 窟甬道北壁炽盛光佛

莫高窟第 61 窟中的十二星座是目前保存下来的最早、最全面的十二星座壁画。这些画面被绘制在第 61 窟门口甬道位置，分别绘有炽盛光佛、诸星图、十二天宫等形象，虽然部分有残损，但是其中很明确地绘制出了各种星座形式，如天秤、金牛、巨蟹、天蝎、人马（射手）、双鱼、双子、白羊、摩羯等。

最早的刷牙图

拂去敦煌壁画中的宗教色彩，反映社会生活、民间风情的壁画随处可见。一幅幅经变画就是一个个游戏场景，里面由大大小小的游戏人物和事件组成。为了增加场景的辨识度和趣味性，当时社会生活的各个方面，大到婚丧嫁娶、生老病死、衣食住行等，小到刷牙、洗脸、上厕所、打架斗殴这样的生活细节，在壁画里都得到了充分的表现。

晨起刷牙、饭后净齿、洗手洗头，讲究卫生是自古以来的人类美德。早在战国时期，我国古代劳动人民就有了“晨起漱口”的习惯。大约在东汉时期，就出现了原始的柳枝牙刷，人们用制成扫帚状的柳枝牙刷蘸食盐刷牙，因而有“杨柳枝漱齿”之说。《弥勒经变》中绘制了很多洗头、刷牙的场景，今天看来也甚是有趣。

《弥勒下生经》中说，弥勒生于婆罗门家，拜释迦为师，释迦涅槃时，为弥勒授记，预言弥勒日后，将上升兜率天宫，于五十六亿七千万年后，下生阎浮提世界，在龙华树下成佛，并度化众生。总之，弥勒是未来世界的佛，随着他剃度出家成佛指日可待，于是，很多的国王、王妃、太子、大臣等都来追随弥勒，遁入空门。《弥勒经变》中就出现了反映信徒剃度出家的画面，剃度势必就会有洗头、净齿、剃发的场景。

莫高窟第 146 窟西壁洗头图

第 159 窟南壁的《弥勒经变》中有幅“净齿”图。画面中一位剃度后的僧人光着膀子，脖间搭着围巾，右手拿着“嚼齿木”刷牙，左手握盛水的净瓶，旁边一人手执长巾准备递给僧人。

佛教将净齿用的器物称为“齿木”，主要用杨树、柳树、槐树等的树枝做成，是佛教僧人身上常备之物。净齿的习惯跟我们现在的刷牙很像，每天的早晨和饭后都需要进行。“每日旦朝，须嚼齿木，揩齿刮舌，务令如法。盥漱清净，方行敬礼。若其不然，受礼礼他，悉皆得罪。”具体操作是将齿木的一端放入口中慢慢地嚼成纤维状、绒絮状，然后用它擦拭牙齿，之后还可以用齿木刮舌头。

《五分律》卷二六中记载了一个很有意思的故事：有一个比丘可能因为消化不好，经常口臭，跟别人说话的时候，别人都嫌弃他，于是他觉得被孤立，便去给佛告状。估计是佛祖也受不了他，就跟他说你多嚼嚼杨柳枝吧。佛还告诉他嚼杨柳枝的功效，有消食、除冷热涎唾、

莫高窟第 159 窟南壁净齿图

善能辨味、口不臭、眼明等功效。

同时齿木是一次性用品，用过即可丢弃。为防止抛弃物再次污染环境，佛家规定不能将带有牙齿脏物及口水的齿木随便抛弃处理，需弹净方可，是不是很讲究？

由于佛陀教化，诸比丘遂将晨嚼齿木作为日常生活的行为规范，在敦煌壁画中也就有了净齿的画面出现。敦煌石窟壁画中的净齿图还有不少，它们以生动的图像记录了古人讲卫生的好习惯。

所以，谁说刷牙是现代文明的专利？至少 1000 多年前，它就已经是古人生活的一部分啦！

最早的环保卫生设施

吃喝拉撒是动物的本能，人也不例外，而文明是人区别于动物的产物，文明的进步使得古人也要考虑如何解决大小便的问题。

随地大小便？有的，但不是普遍现象，事实上，中国古人对随地大小便的行为很多时候是零容忍。给大家讲一个有意思的小故事，《左传》记录了这样一件事情：鲁定公三年（前 507）的一天，邾国君主庄公发现管家在用水冲洗庭院。这太浪费水了，对庭院建筑也是极大的伤害。他就很生气，问是怎么回事，管家说了 5 个字“夷射姑旋焉”。“夷射姑”是个人名，是邾庄公的臣子，“旋”是撒尿。不要以为“旋”是在撒尿时转圈，其实它只是说明周边都被夷射姑撒过尿。夷射姑在自己的庭院里小便，这还了得！于是，邾庄公派人去抓夷射姑，但没有抓到。邾庄公暴跳如雷，从床上跳下来，不小心摔倒在炭火上，结果被炭火烧废了，皮肉溃烂，就死了。这可能是古代为反对随地小便而献出生命的一个特例。这听起来虽然像是个笑话，但它反映出古人反对随地大小便的态度是多么鲜明，而且也反映出古人非常重视和讲究居所的环境卫生。

《佛说弥勒下生经》云:“彼时男女之类，意欲大小便时，地自然开，事讫之后，地便还合。”壁画中也画了几个小孩在旷野里挺着胖肚子撒尿，大地裂缝承受的场景。从中可知渴望有一个干净卫生的生活环境也是古人的梦想，他们甚至幻想用大地裂开再合拢的方法来处理，这说明如何处理污秽物也曾困扰着他们。

实际上，中国人很早就发明了厕所。先秦时期人们称厕所为“青（清）”或“圊”，多设在家里。另一个字“匽”，也是一种厕所，多设于路边或户外，供人们方便，这是现代公共厕所的源头。厕所虽然很早，但具体厕所修成什么样，具体设施有什么，留存下来的图像资料甚少，而在敦煌壁画中就有这样的图像资料。

莫高窟第 290 窟有 1 幅创作于北周时的佛传故事，佛经讲佛祖释迦牟尼佛诞生时，出现了浊水变清、五谷丰登、花木繁茂、人际和睦、臭味变香的瑞相。与太子同日降生的孩子，母子都十分健康。那天出生的牛马也都十分健壮，连一根杂色鬃毛都没有。浊水变清、五谷丰登、花木繁茂、人际和睦等在画面中比较容易表现，可描绘臭味变香就比较难，将上厕所要画入壁画，特别是拉屎撒尿画入庄严神圣的佛教经变画中，总有点格格不入、不合时宜。但画师并不回避佛经记载的这一内容，用写实的技法画出了一个当时的厕所，以形示味，巧妙地展示了这一瑞相。

这可能是中国现存最古老的上厕所场景，图中厕所为一座四阿顶式的建筑，建筑内蹲着一个正在拉大便的人。拉大便处用木板锯出方洞，下面是粪坑。这种形式的厕所在全国各地一些农村还都存在，稍

莫高窟第 290 窟窟顶如厕图

微不同的是现在一些厕所内是将平板改为水泥板，方洞变为长条状洞。这幅图虽然是依据佛经故事绘制，表现的是悉达多太子降生后出现的臭味变香的祥瑞景象，但它非常真实地描绘了古代厕所的样貌，同时也真实地反映了当时人们的环保意识和相应的环保卫生设施。

此外，壁画还显示出古代有公共浴室、浴池等卫生设施。古人把洗澡称之为“沐浴”，这个词与现在的词是一个意思。但在甲骨文、金文中“沐”字是一个人跪在水盆旁边，呈双手掬水洗头状；“浴”字是一个人置身于盆中，用水淋身，其实都是用水处理个人卫生的不同行为。沐浴在先秦时就蔚然成风，是整个社会的习俗，秦汉以后，沐浴甚至上升到制度层面，公务员有“休沐制”，都要公休定期回家沐浴。

莫高窟第 302 窟窟顶浴池图

佛教鼓励佛教徒修建浴池，据《佛说诸德福田经》载，“修福”有“七法”，分别为:“一者，兴立佛图僧房堂阁;二者，园果浴池树木清凉;三者，常施医药疗救众病;四者，作牢坚船济度人民;五者，安设桥梁过度羸弱;六者，近道作井渴乏得饮;七者，造作圊厕施便利处。”其中修建浴池的功德意义排在第二位，与建果园、植树木的意义同样重要。莫高窟第302窟窟顶西披的《福田经变》就绘有浴池，规模不大，池中有两人正在洗浴，浴池周围树木掩映。最为重要的是，画面中还绘有通往室外的排水沟，这些对于研究古代环境卫生学，都是不可多得的形象资料。

最精致的妆容

如今化妆早已不是女性的专利，男性化妆都已蔚然成风，化妆用品、化妆技巧更是推陈出新，各种脂粉靓妆、美甲美瞳的广告遍布大街小巷。靓丽的装扮不仅让别人赏心悦目，看着美美的自己，无论谁心里也会美滋滋吧！

爱美之心人皆有之，相信对美的追求是人类共同的向往，所以可以想象古人肯定也不遑多让，早早就探索化妆的技巧了。事实上，古人的化妆可追溯到商周时期。宋代《事物纪原》中记载："周文王时，女人始傅铅粉。"当然匈奴被汉朝打败时的那句"失我焉支山，使我妇女无颜色"更令人印象深刻。焉支山有可以开采用于提炼成胭红的矿物质，匈奴人痛惜失去了土地，也懊恼失去了匈奴妇女们的化妆品，可见化妆在少数民族民众中也非常流行，且非常重要。到唐宋有关化妆的诗词就比较多了，如"朱唇素指匀，粉汗红绵扑""玉面耶溪女，青蛾红粉妆""锦带杂花钿，罗衣垂绿川""对镜贴花黄"，等等。《隋遗录》记载："螺子黛出波斯国，每颗直（值）十金，后征赋不足，杂以铜

莫高窟第 98 窟东壁供养人像（范文藻临）

黛给之。”可以想象这种东西是极为珍贵的。也可以看出化妆已是各民族、各区域人们共同的审美和生活情趣。

虽有记载，但文字很难为人们直观立体地呈现，我们无法想象古人化妆后的具体样貌。而敦煌壁画就绘制了大量古代女子的妆容，这些妆容直观地展现了古代女子在头饰、面饰、服饰、配饰等不同方面的讲究。

单就化妆来说，古人用了妆粉、胭脂、石黛、花钿、唇脂等化妆品，化出白妆、桃花妆、酒晕妆、飞霞妆、碎妆等各种妆容。比较特别的是“花钿”，它是碎妆的重要组成部分。古人用胭脂或丹青在脸颊、额头或太阳穴两边画圆点或其他图形，称为“花靥”。为了显得更加富贵美貌，她们会在眉目或额头之间贴上用金、银、玉翠等制作成五颜六色的装饰物，称为“花钿”。莫高

莫高窟第 138 窟女供养人像（李其琼临）

窟第 138 窟的这身女供养人，两鬓抱面，额上、眉尾处对称画有花瓣，花瓣有 5 片，中心为绿色。两颊涂淡黄色晕染，上画有展翅飞鸟，在嘴角两边对称绘有站立的小鸟，另外在额头、鼻翼等处还散落点缀着几颗宝石般绿色圆点。

一个面部，在绘制的时候就如此丰富多彩，那么衣着服饰等结合在一起的复杂性可见一斑。在服饰方面，壁画中有帝王将相，有平民百姓，有农夫渔民、工匠商旅，又有乐人医生、猎人乞丐，有中原汉族民众，也有其他民族人物等，他们的各种服饰琳琅满目，丰富多彩。毫不夸张地说，这些形形色色的人物形象所展示的古代衣冠服饰资料，不仅构成了一座古代多元服饰的艺术殿堂，而且也是见证当时政治、经济、文化、民族关系的重要媒介。

莫高窟第 237 窟东壁吐蕃与各国王子礼佛图

最完整的人物传记——佛传故事

“名人效应”自古有之，中华民族第一部古典散文集和最早的历史文献《尚书》就是追述古代“名人”事迹著作的汇编。历史上帝王将相、高僧大德、孝子贤孙的传记更是数不胜数，所以作为拥有信众无数的佛教，为其创始人、核心人物释迦牟尼立传是理所当然的事情。在佛教发展的早期阶段，特别是小乘佛教发展阶段，释迦牟尼是佛教信徒们唯一信仰的对象，是世间唯一的佛。为了彰显释迦牟尼的天赋异禀，“万千宠爱于一身”的佛就被信徒们编纂了很多的生平故事。这就是佛传故事，根据这些故事古人还结集出版了《修行本起经》《佛说太子瑞应本起经》《普曜经》《过去现在因果经》《佛本行经》等多种版本。

释迦牟尼本名乔达摩·悉达多，大约在公元前565年诞生于古印度的迦毗罗卫国，父亲是净饭王，母亲是摩耶夫人。关于悉达多太子的诞生，有着种种神异的传说。据说摩耶夫人梦见了一个菩萨乘六牙白象而来，于是身怀有孕。按照古印度的习俗，妇女生育当回娘家。于是怀胎将满十月之时，摩耶夫人在很多宫女的陪伴下回娘家，途中

莫高窟第 290 窟窟顶九龙灌顶

经兰毗尼花园时，摩耶夫人觉得身体不适，当她手攀无忧树时，太子从她的右胁生了下来。原来，太子不愿使母亲受到分娩之苦，就从腋下降生了。据说太子刚生下来就能行走，他走了七步，每走一步，脚下就生出一朵莲花。他一手指天，一手触地，说:“天上天下，唯我独尊。”这时天上就有龙喷洒甘露为太子沐浴。

太子从小学文习武，受到很好的教育，并娶大臣摩诃那摩之女耶输陀罗为妻。他生活在宫中，享尽人间快乐。然而，太子常常感到无名的忧郁，他在城外出游时看到人间有出生、疾病、衰老和死亡等诸多痛苦，便陷入了苦苦的思索中，这段经历被称为“出游四门”。他想寻找一条解脱人间痛苦的途径，于是决定出家修行。在太子 29 岁那年的一个夜晚，他离城到山中开始了苦修生涯，这一经历称作“逾城出家”。出家之时，常年伴随他的白马与他依依惜别，就有了“白马吻别”的故事。

他开始以苦修为主，但是经过了 6 年的折磨，他一无所获，于是到尼连禅河洗尽了 6 年的污垢，接受了牧女施舍的牛乳，打算另辟蹊径。当他在菩提树下沉思默想时，战胜了心中的一切魔障，突然间得到了大悟，从此，明白了人间的真谛，这件事称作“降魔成道”。“降魔成道”表现释迦牟尼成道时，魔王波旬深恐释迦牟尼的成道会威胁到自己，就率众魔军企图杀死释迦牟尼。可是面对众魔围攻，释迦牟尼镇定自如，以神通力击败了魔军，使众魔伏首归降。表现这一主题的画面也称“降魔变”，在印度和犍陀罗的雕刻中很常见。莫高窟北魏

莫高窟第 329 窟正壁佛龛“夜半逾城”和“乘象入胎”

莫高窟第 254 窟南壁《降魔变》

壁画中的《降魔变》在构图上完全继承了外来的形式，如第 254 窟南壁，表现佛安坐在中央，周围各式各样的妖魔手执各种武器，向佛袭来。画面下部则描绘了魔军败北后跪在佛前的样子。画面下部左侧还描绘了 3 位美女正对着释迦牟尼搔首弄姿，右侧有 3 位面貌丑陋的老女人。这是表现魔王波旬见魔军不能战胜佛，便施美人计，企图以美色来诱惑佛，但佛不为所动，并使神力，把美女变成了又丑又老的老太婆。

释迦牟尼成道后开始收徒讲学，宣扬他的理论，这就是“初转法轮”。“初转法轮”表现的是释迦牟尼成佛后到鹿野苑第一次说法的情景，也称“鹿野苑说法”。通常描绘佛在说法，佛前有两只鹿象征着鹿野苑，并有3个圆形的法轮。佛两侧画有比丘5人，代表最早跟随释迦牟尼的憍陈如等5比丘。

公元前484年，释迦牟尼于拘尸那迦城的双树林中涅槃。涅槃也是佛传故事中的一项重要内容，释迦牟尼的涅槃意味着肉体的消失和灵魂的升华，从此进入不生不灭的状态。对于佛教来说，从此佛不再是一个实体的人物，而是一个永远存在的精神导师，因而涅槃就是佛教的最高境界。莫高窟北周第428窟西壁的《涅槃图》是莫高窟最早的涅槃图，其表现方法与中亚的佛教艺术一致，描绘佛安详地卧在双树下，周围有众多的弟子环绕，弟子们表情悲哀，大弟子迦叶抚足恸哭，全图充满了伤感的情调。隋代以后，涅槃图形成了规模较大的独立的涅槃经变，增加了很多情节。

莫高窟第428窟《涅槃图》

描绘释迦牟尼生平的佛传故事画，大多是依据佛经中的有关记载来画的，现存各时期的佛传故事画计 37 幅，分布在 27 个洞窟之中。莫高窟年代最早的洞窟——第 275 窟南壁就出现了佛传故事画，表现悉达多太子在出家前“出游四门”，分别遇见老人、病人、死人及僧人的情景，是片段化的。北周时期出现完整的、连环画式的佛传故事画。如第 290 窟有 6 条并列的佛传故事画，长达 25 米，主要内容有:乘象入胎、树下诞生、仙人占相、太子读书、太子比武、掷地定亲、太子迎亲、出城游观、夜半逾城、树下苦修等，共 80 多个画面，前后衔接，是我国现存最完整的传记性连环画。

五代宋初曹氏统治敦煌时期，佛传故事画以屏风形式出现，描绘了 130 多个场面，并在原有故事情节的前后增加了燃灯佛授记、灵鹫山说法、八王分舍利等专题。这些新内容，使佛传故事的内容更为丰富，亦更加中国化了。

总之，敦煌石窟中绘制了佛祖释迦牟尼生平的所有事迹，展示了释迦牟尼最完整的人物传记。

最早的成佛指南

——本生故事

一般的名人传记最多提及祖辈的名望，捎带介绍一下家庭背景、父辈事迹，核心会放在人物的生平上，但是关于释迦牟尼的事迹，佛教徒不但详细地介绍了他今生的种种事迹，还诠释了佛的前世。

释迦牟尼前世的故事称为本生故事，佛经讲释迦牟尼通过现世普度众生是不足以成佛的，他之所以成佛是累世修行的结果。在过去时空中

莫高窟第 257 窟《九色鹿本生》

的某些时候，释迦牟尼曾经为人、为兽、为世间万物，不忘初心，行善积德，如此地循环往复，没有任何人生“污点”，今生才得以成佛的。

经典国产动画片《九色鹿》就是根据敦煌莫高窟第257窟壁画《鹿王本生》故事改编，由上海美术电影制片厂1981年出品的动画美术作品。

除了这个耳熟能详、流传久远的故事外，敦煌石窟还有很多艺术内涵丰富的本生故事，如萨埵太子舍身饲虎本生、须达拏太子本生、睒子本生等10余种。其中最早的本生故事画绘制在莫高窟北凉第275窟，共有4幅，分别为月光王施头本生、尸毗王割肉贸鸽本生、毗楞王钉千钉本生、虔阇尼婆梨王燃千灯本生，这些故事讲述的都是佛前世的奉献事迹。为了求得真经，佛不惜经历磨难，甚至牺牲自己的生命。而最精彩，也是延续时间最长的本生故事当数尸毗王割肉贸鸽本生，以第254窟的本生故事画为代表。

故事讲述在过去有一位尸毗王，他为人善良，喜欢佛法，想普救众生苦难。帝释天和毗首羯摩要考验他的志向，于是变成老鹰和鸽子。

老鹰紧追鸽子，鸽子逃到尸毗王的面前请求保护。老鹰对尸毗王说，鸽子是它的食物，如果不把鸽子给它，它就会饿死。尸毗王为了保全两条性命，只好割自己身上的肉给老鹰吃，以这种方法来解救鸽子。老鹰要求割下来的肉必须与鸽子的重量相等，并设天平称量。可是，尸毗王快要割尽自己身上的肉仍不够鸽子的重量，但他为了表示诚意，举身坐上了秤盘。他的行为感动了天地，一时间天地震动，天人为其泪如雨下。帝释天恢复了原形，问尸毗王为何这样牺牲自己，尸毗王坚定地回答:“为求佛道！”帝释天又问尸毗王是否后悔损毁身体，尸毗王说自己从不后悔，并立誓称，如果所言不虚身体即当平复如故，

莫高窟第 254 窟《萨埵太子舍身饲虎本生》

莫高窟第 275 窟北壁 4 幅本生故事全图

话音未落尸毗王身体果然恢复了原状。

第 254 窟尸毗王的故事在狭小的画面中记录了鹰追鸽、鸽向尸毗王求救、割肉和过秤、眷属痛哭等情节，正中的尸毗王形体高大，把画面一分为二。被割肉的小腿抬起，尸毗王目视血淋淋的伤口，使割肉主题一目了然。画师着力刻画尸毗王这个被崇拜和歌颂的形象，尸毗王两侧对称地画着不同的人物，有的神态安详，合十祈祷;有的表情激动，悲伤痛哭。这些画面与割肉的场面形成对比，衬托出尸毗王牺牲自己以救鸽子的勇气和决心。

有关佛前世奉献牺牲的故事还有很多，如快目王本生、善事太子本生、流水长者子本生、独角仙人本生等，总之都是讲释迦牟尼成佛之前的累世都在乐善好施、广积善缘。

莫高窟第 254 窟《尸毗王割肉贸鸽本生》

最富有想象力的创作——经变画

东汉初年，来自印度的佛教沿着丝绸之路，一路东传，跨越了地域、文字、风俗文化的差异，终于让中华大地的众生可以听闻佛法、沐浴佛光，但是这条传播之路并非坦荡顺畅。佛教信众们以坚忍的毅力与非凡的智慧倾其心力，煞费苦心，从求经到译经，从禅修到说法，从立塔到造像，从“端着”到“放下”，始终在谋求着自己的发展之路。

这也许就是“经变画”出现的初衷，经变画让晦涩难懂的佛经具象化起来，雅俗共赏起来，通俗易懂起来，让艰深古奥的说教变得更“亲民”、更触手可及起来。经变亦称“变”或“变相”，是用绘画的形式把纯文字的晦涩难懂的佛经变成了“绘本”，如依据《法华经》绘制的经变画就叫《法华经变》，依据《华严经》绘制的经变画就叫《华严经变》。前面章节提到的本生故事、佛传故事从广义上讲都是经变画，但是从狭义上讲，这些故事是释迦牟尼个人偶像崇拜的产物，跟各宗派经典的佛教哲学义理还不尽相同，所以不纳入经变画范畴。

据唐张彦远《历代名画记》载，南朝宋时就有了经变画，唐代长安的寺院里也绘制了大量经变画，但是长什么样？谁也不知道，因为只有文献记载早就没有实物，这就显示出敦煌经变画的重要性。全世界的佛教遗迹中，敦煌的经变画无论从画的数量还是质量都首屈一指。据统计保存在敦煌壁画和纸绢画中的经变画有 30 多种约 1200 铺，除上面说的《法华经变》《华严经变》外，还有《弥勒经变》《药师经变》《西方净土经变》《维摩诘经变》《十轮经变》《观音经变》《金刚经变》《涅槃经变》《天请问经变》《金光明经变》《楞伽经变》《佛顶尊胜陀罗尼经变》《炽盛光佛经变》《福田经变》《密严经变》，等等。

经变画是唐宋时期敦煌壁画的主体，5 万多平方米的敦煌石窟壁画中将近一半是经变画，也着实难为了画师们。敦煌石窟的壁面成为一个竞技场，画师们各显神通，大开脑洞，各种奇思妙想、万花筒般

莫高窟第 45 窟《观音经变》

莫高窟第 103 窟《维摩诘经变》中的维摩诘

莫高窟第 61 窟《法华经变》

的创造在墙壁上驰骋飞扬，不同的经变画反映了各自不同的义理，不同的经变画有各自不同的布局，不同的经变画要展示不同时代的社会风情和风貌，相同的经变画也要有自己的风格，在那粗糙而又单调的墙壁上，一幅幅经变画像繁花次第绽放，纷繁而不杂乱，画师用激情和智慧为敦煌石窟带来一场视觉盛宴。

猜猜敦煌石窟中画得最多的是什么经变？是耳熟能详的《观音经变》，还是位冠群经的《法华经变》？

都不是，经变画数量的排序很有意思，画师们取舍经变当然会受经变所代表的宗派盛衰的影响，但是本质上宗教绘画必然反映的是信仰者的终极关怀，那就是趋利避害，“重其有用，轻其无用”。敦煌石窟经变画排名前五的分别是《观无量经变》《药师经变》《弥勒经变》《维摩诘经变》和《报恩经变》。

细品一下这5部经典流行的原因：佛教是修来世的宗教，所以人们的愿望首先是死后能去往西方极乐世界（《观无量经变》），如果能跟着弥勒下一生成佛自是极好的（《弥勒经变》）；但来世遥遥无期，看不见，摸不着，那么我们就求现世，希望在世间能健康平安，没有病痛，长生不老（《药师经变》），还能活得有质量，享尽人世繁华，潇洒自在（《维摩诘经变》），既延长生命的长度又拓展了生命的宽度，妙哉悠哉！当然所谓“识时务者为俊杰”，要想在一片不同文化属性的土壤上谋得一席之地，就必须得适当地迎合，以达到共融。儒家向来是讲究报恩的，“滴水之恩，当涌泉相报”。《报恩经变》既迎合了本地人的意愿，又给自己找到了“靠山”，可谓一举两得。

怎么样，是不是意蕴深长？你可能疑惑，“家家阿弥陀、户户观世音”，阿弥陀这么流行，为啥观音不能望其项背？事实上《观音经变》是最经久不息、最流行的一种经变，也是在佛教发展过程中形式最多变，技能升级最快、最完善的一种经变。它不仅包括传统意义上的显教《观音经变》，还有密教的《千手千眼观音经变》《不空羂索观音经变》《如意轮观音经》《十一面观音经变》，等等。

好了，知道了经变画的大概情况，接下来看看古代的画师面对晦涩、拗口又抽象的佛经，面对佛经中的众多人物、众多场景，如何深入浅出，处理复杂而又深奥的故事情节；如何不断地变换视角，游刃有余地切换镜头安排不同人物的座次，展现不同人物之间的关系？

如莫高窟第 23 窟的《雨中耕作图》:画面上部，乌云滚滚，时雨霏霏，一个农夫正在田里挥鞭驱牛，另一个农夫肩挑麦捆，冒着大雨疾步归家。画面下部，一家人围坐用餐。左下绘一塔，塔前一人跪地拜佛，一人翩翩起舞，6 人席地而坐，各持乐器伴奏。右侧绘 4 个胖娃娃，正在沙堆前忘形玩耍。这幅图是一幅颇具生活情趣的、司空见惯

莫高窟第 23 窟北壁《药草喻品》

的人间万象图，谁承想它表现的是《法华经》众生平等的思想，“人人皆有佛性，人人皆可成佛”。这是信仰《法华经》的方便法门。雨露代表佛法，它普润万物，无差别心；孩童玩耍间不经意堆起的塔状沙堆、人们围着塔样的建筑物踏歌起舞，皆是修行，积累功德。画师们把对佛法的理解融入切身的生活之中，缩短了佛国与人间的距离，把想象

莫高窟第 31 窟窟顶《法华经变》局部

中的佛国变成了可以看得见的人间乐园。

再如第31窟的《逗乐图》:两个典型的盛唐妇女正兴致勃勃地玩一个布偶娃娃，右面的女子一手高举布偶耍弄，另一个伸手欲取。这就是活脱脱两个好朋友在闹着玩儿，能表现什么佛理呢？《法华经·随喜功德品》讲了一个故事，说你即使腰缠万贯，拥有财宝无数且乐善好施，把一切好玩的好看的东西都施舍给众生，还不如你听一句《法华经》所得的福报。这样一个施舍求福报的故事，万万没想到，画师却画了两个女子，真是脑海中满满的都是市民生活情趣。

《楞伽经》是一部讲修行心性的佛经，是早期禅宗的传法工具。禅宗，没错，就是有“身是菩提树，心如明镜台，时时勤拂拭，莫使惹尘埃”和“菩提本无树，明镜亦非台，本来无一物，何处惹尘埃”绝妙对答的那个宗派。这一对话使得神秀丢了禅宗祖师爷的衣钵，而慧能则赚得“禅宗六祖”的名望，从此两人产生分歧，各奔东西。既然是禅宗的经典,《楞伽经》经文中自然有很多的隐喻和晦涩难懂的内容，这是作为禅宗经典的“基本素养”，能将这些读都读不懂的经文以图画的形式表现出来，那么这个画师一定是对经文比较熟悉，吃透了佛经义理，想象力极其丰富且极具创造力和设计力之人。

前文说到神秀与慧能水火不容，体现在信仰上也确有不同，南宗慧能提倡顿悟成佛，而北宗神秀则讲究渐悟。那么如何表现“顿悟”和“渐悟”呢？画师画了一面“照妖镜”，表示“顿悟”，是人是妖，成佛不成佛，一照便知，比喻众生成佛是顿悟，犹如物体在镜中显现是顿现，而非渐现。而“渐悟”呢？则画一幅“制陶图”，一陶师，裸上身，席地而坐，专心制作陶罐，比喻众生修炼成佛，需要经过一个逐渐觉

莫高窟第 85 窟窟顶东披《照镜喻》

悟的过程。

比喻的本体有的在经文中有提示，有的则完全靠画师自己的想象力，没有榜题的话让人云里雾里，摸不着头脑。如橦技喻：在三角形舞

莫高窟第 61 窟南壁《陶师喻》

台上，固定立一长竿，竿顶置一圆盘，盘上叠立两人。台下右侧立一“量话”者。6 位乐师围绕舞台，或立或坐，共同演奏。这俨然就是街头杂技表演现场，但画师以此戏法表现的是《楞伽经》“譬如幻师以幻术力，依（以）草木瓦石幻作众生若干色像，令见者种种分别，皆无真实”的经文内容。用杂技表演来表示幻术师制造的幻术，让观众在赞叹之后能够马上领悟“世界万有皆心所造”的道理，比喻宇宙万物虚幻不实。

像这样的画面还有很多，经变画是敦煌石窟画师们富有想象力的

莫高窟第 85 窟窟顶《橦技喻》

创作，每一个细节都彰显了画师们的独具匠心，在大型构图中其创造性更是“火力全开”。山峦起伏，水波浩瀚，人物在建筑山川间活动，山川与人物、建筑要自然和谐地结合，要运用中国特有的鸟瞰式散点透视法，也要运用显示地平线的焦点透视法，将二者奇妙地结合在一起，才能使得画面具有强烈的空间感，将空间尽收眼底，“咫尺之图，写千里之景”。总之，画师们既要忠实于佛经原作，又要在如何呈现、如何构图、如何布局等方面煞费苦心，必须得有丰富的想象力。

最亮丽的风景——青绿山水画

将敦煌壁画中的山水画放在一个更为广阔的时空背景下，才有利于我们更好地去理解它，所以对中国山水画发展概况的勾勒显得尤为重要。

古代诗人寄情山水，“采菊东南下，悠然见南山”“月出惊山鸟，时鸣春涧中”“孤舟蓑笠翁，独钓寒江雪”，这些山水田园诗总是以一种细腻的悠然淡雅，在诗情画意之中承载着作者的生命情怀和人生志向。人类对生命和生活的感知是相通的，这种对山水的钟爱表现在绘画上，就是对山水画的刻写。

受儒家思想的深刻影响，“君子比德”，故魏晋以前的审美重点都集中在人物画上。而魏晋时期长期的战乱，加上受玄学崇尚自然、寻求超脱思想的影响，从竹林七贤到陶渊明，很多名流名士都选择由入世转向出世，试图从自然美中寻找生命的价值与人格的存在，这催生了山水画的萌芽与产生。

魏晋名士顾恺之不仅绘制了脍炙人口的《女史箴图》，创造了人物画的基本模式，还创作了《画云台山记》这种重在传神、明显有山水画意味的作品。但此时期山水不是独立的审美对象，人物与事件仍然是表达的主体，故山水只是意向的表达，没有波澜壮阔之感。因山水仅是人物与时间的陪衬，在比例上也有“人大于山”的特点。及至隋代，展子虔开始以自然山水为主要审美对象，创作出中国存世最古老、最完整的青绿山水画——《游春图》，用山水意境来表达个人的人格精神，从而创作出了真正的山水画。唐宋及其以后，随着不同时代画家对山水画的创作实践，许多风格不同的山水画派纷纷登台亮相。唐代的李思训、李昭道父子是唐代青绿山水画的代表性画家，他们继承和发展了展子虔的画风，形成独特的风格和艺术特色。唐代王维首创水墨写意山水画，将禅意及诗歌引入画中，开“诗画结合”一代新潮。宋代的董源、李成、范宽、李唐、刘松年、马远、夏圭等都是这一时期山水画的集大成者。王希孟的《千里江山图》以青绿长卷的形式表现了可行、可望、可游、可居的江山壮阔之景。元代黄公望的《富春山居图》用富春山一带的景色表现空灵悠然、隐遁超然的旨趣。及至明代，有沈周、唐寅、仇英等山水画家不断涌现，创作了大量的作品。这些画家和作品在我国山水画发展史上都具有里程碑的意义。

了解了中国山水画发展的历程，再反观敦煌壁画中的山水画，可以说敦煌壁画中的山水画是一部浓缩了的中国山水画发展史，尤其直接地展示了早期山水画的雏形特点和隋唐以后青绿色彩的盛宴。

魏晋时期，敦煌壁画所描绘的山水一般位于人物的四周、背后，山峦大都仅以线勾出轮廓，而树木有草丛、灌木甚至乔木，但是一般连成一片，作为虚拟环境的背景，服务着画面中的人物和具体故事，

莫高窟第 285 窟山中饮水的鹿

莫高窟第 285 窟山中禅僧

莫高窟第 249 窟山中狩猎

人物的形象通常与山同高，甚至高于山。画家意在借助一些指示空间的元素，如山石、树木、花草等，给画面中的人或者活动以相对真实的存在。

至隋唐，丝绸之路空前繁荣，随着中原与西域的频繁交往，处于丝路要冲的敦煌已成为一个佛教文化的中心。长安洛阳的艺术风格很快就能传到敦煌，画史中记录的长安洛阳佛教寺院中的经变画等内容，绝大多数都同期绘制在敦煌壁画中，敦煌壁画的发展差不多与中原完全同步。而随着中原山水画逐渐获得独立的地位，从长安洛阳等地传

莫高窟第 321 窟北壁说法图中的小桥流水

莫高窟第 217 窟东壁南侧的绿色大地

莫高窟第 172 窟宫殿外的山水

莫高窟第 172 窟南壁东侧的长河落日

入的画稿及评价体系，让敦煌壁画中的山水创作也变得丰富起来。这些青绿山水画从意义含混的山水开始变得具象，它们大都穿插在经变画中间，除了将空间的广袤压缩进色彩之中，具体表现各场景的变化外，还是一种氛围和情绪的烘托，用色彩给予了壁画生命的韵律。

如莫高窟第 217 窟南壁西侧绘制的山水图景，画师并没有机械地按照经文画出那种穷山恶水的荒凉景象，而是有意识地创造了山水意境，使之成为“可居”“可游”的游春图景。右上角是危崖耸立，绘两人骑马一远一近行进。透过山崖，可见远方曲折流淌的河流。中部两座高峰之间，有一道瀑布倾泻而下。左边也是一条曲折的河流，在近

莫高窟第 217 窟山间行旅

莫高窟第 217 窟旅人踏青

莫高窟第 217 窟城外青山

处被山崖遮断，山上绘有飞流而下的瀑布，瀑布旁边有礼拜的行人，整个画面富有生机，虽瀑布的颜色已变黑，但仍可感受瀑布由高山之巅飞流而下的那种壮丽的景象。以山水为背景，表现真实的空间透视，体现了画师驾驭复杂山水空间的能力。

青绿山水在晚唐以后成为莫高窟标准的绘画语言，在《五台山图》《劳度叉斗圣变》等巨幅壁画中甚至被发挥到了极致，它们既表现佛教胜迹及佛教故事，又描绘壮美的山水壁画，这种风格一直延续到宋、西夏时期。至元统治时，敦煌壁画的传统美学和继承延续性的改变，使得敦煌石窟再无大规模青绿山水画的创制。

莫高窟第 9 窟窟室内景

莫高窟第 9 窟《牢度叉斗圣变》临摹品

总之，敦煌虽然没有出现完全独立的山水画，但在长安洛阳等地唐代寺院几乎消失殆尽、寺院壁画中的山水画难以见到的情况下，作为背景的敦煌壁画中的山水画迹就显得尤为珍贵。它用色彩绘制的瑰丽轮廓，反映着时代的色谱和光感，成为研究唐代山水画的重要依据。